靜觀 詩選 I

빛 따라 소리 따라

김 종 천 제14 시선집

책머리에__

마음의 무문無門을 열며 바치는 글

우주 만물 가운데 인간으로 태어나 인생이란 육십여 성상 星霜 길을 걸어오며 만난 시절 인연 속에서 말없이 녹아내린 영혼의 울림을 모아 추려내어 밝고 맑고 한결같은 원래 그대로의 참모습을 찾아가는 인생 동행자에게 신심信心의 물 한 모금甘露이 되고자 본래의 그 자리에서 나의 본래 모습을 깊은 어둠에서 찾아내어 이 글을 펼쳐봅니다.

영혼의 울림을 모아 10여 년 동안 쓴 글을 모아 권당 365편씩 편집하여 (1권 빛 따라 소리 따라, 2권 하나인 줄 알면, 3권 허공이 만공이라, 4권 두 손을 놓아라, 5권 마음의 짐 내려놓고, 6권 한빛 밝히려고) 펼치면서 인생이 무엇이며 어떻게 살아야 할 것인가, 영적, 정신적 여유와 즐거움을 주는 인생 공부는 한이 없음을 사유해 봅니다.

값진 삶 가운데 시詩를 찾고, 시 가운데 삶을 펼쳐 우주와 인간이 하나로 어우러진 깨달음의 미학, 그 영성적, 오도적 悟道的 세계로 떠나는 나그네의 길에 작은 등불을 밝혀 그래도 좀 어설픈 마음이 들면 쉬엄쉬엄 걸어가는 길에 지팡이로 삼고자 합니다.

천지 만물이 모두 나름대로 빛과 소리와 향기로 진리를 노래하니 이를 공부 방편으로 삼아서 우주 순행의 이치를 알아차림하고 마음 다스려보는 깊은 침묵의 빛으로 내 안의 어둠을 밝혀보려 합니다.

만법의 빛과 말씀의 울림에서 담아 온 이 한 편의 시가 자아와 우주 본질을 깊이 있게 생각하고 존재의 심연을 본래 있는 대로 바라보는 정관靜觀으로 무량한 진리眞理를 깨닫는 미학으로 고요함과 평상심을 느끼는 안심安心의 향기가 되었으면 합니다.

말 없는 말 없으므로 지금 그냥 있는 그대로 이 한순간을 영원을 향한 무한한 울림의 대화가 되기를 바라면서 나의 존재 나의 셈법에 얽매이지 않고 마음짐 내려놓고, 걸림 없이 세상의 시시분별의 시험에 들지 않고 헛된 삶이 아니었다고 감사하며 우주 만물과 느림의 동행자, 변화의 동행자, 바라봄의 동행자로 걸어가고자 이 글을 세상에 바칩니다.

2024년 입춘지절에 가슴을 열고
진목 김 종 천

차례

정관시선 Ⅰ 〈365편〉
책 머리에 • 4

1부 지혜의 빛

영생의 길 • 20
맑은 물빛 • 21
님 만나려 내민 찬 손 • 21
한 말씀 안에 • 22
한 음성 • 22
기도 • 23
경전經典 • 24
이내 몸과 하늘과 땅엔 • 24
목마른 자 • 25
생명나무 • 25
말씀 • 26
나무 송頌 • 26
영생의 빛 • 27
이 한 말씀 • 27
세욕에 지친 몸 • 28
일생을 • 29
새벽 들길을 걸으며 • 30
섭리攝理 • 30
본래는 • 31
모양 없는 향기 • 31
구원의 등불 • 32

삼륜청정三輪淸淨 • 32
상을 보라, 그리고 • 33
선행善行과 악행惡行 • 33
님이여, 당신은 • 34
베풂의 빛慈悲心 • 35
그 자리 • 35
진리 앞에는 • 36
현자賢者여, 우자愚者여 • 37
한 인연으로 • 37
세월 따라 • 38
님을 님이라 부르는 것 • 38
말씀 안에 살다 보면 • 39
공좌空座 • 40
한 소식 내 안에 • 40
빛의 묘용 • 41
빈 수레 • 41
마음 따라 • 42
만유萬有에 찬 광명 • 42
생명이 말씀 • 43
진아眞我의 빛으로 • 43
상도常道 • 44
이름名 • 44
자유 • 45
참모습 • 45
님은 • 46
의인義人 • 47
생명의 빛 • 47
내일도 • 48
빛이 부를 때 • 48
한마음 헤아리지 못하고 • 49
마음의 샘물 • 49

경책警責 • 50
한 말씀으로 • 50
본마음本心 • 51
정직한 마음直心 • 51
님의 참모습 • 52
영성의 향기 • 53
성자들의 삶 • 53
자비관慈悲觀 • 54
시절 인연의 묘용 • 55
탐욕의 강 • 55
참마음佛性 • 56

2부 알아차림의 여정

관심觀心 • 58
번뇌 망상 • 58
수레바퀴 인생 • 59
내 마음 밭 • 59
청심淸心 • 60
깨우치면 • 60
깨어 있는 자의 등불 • 61
영성의 삶 • 61
도道를 먹고 사는 인생 • 62
세상을 다스리는 마음 • 63
살아간다는 것 • 64
어찌하여 • 65
불이不二 • 66
깨달음 • 66
한 인생 돌아보니 • 67

밝은 기운 • 68
먼지 속에서 • 68
하리 송頌 • 69
할 말 없다 하리 • 70
좌선坐禪 • 70
마음눈 밝혀라 • 71
물 한 모금 마시려다 • 72
자성自省 • 72
흔적痕迹 • 73
마음 안에 • 73
진실과 거짓의 미학 • 74
번뇌 • 74
탓할 수 있으랴 • 75
탓하지 않네 • 75
입지立志 • 76
소신所信 • 76
허울 • 77
생명의 신비 • 78
보름달을 살가買 하나 • 79
누가 나에게 묻는다면 • 79
자성의 묘미妙味 • 80
한 밝음 안에 • 80
평상심平常心 • 81
그대로 가 • 81
주인 노릇 • 82
깨달음悟道 • 82
한마음 • 83
흐름의 본성本性 • 83
하루하루 • 84
인생이여 • 85
등산길에 • 85

깨달음의 성품 • 86
그림자를 보며 • 86
세상만사 • 87
진리의 길 찾아 • 88
빈 손뼉을 치면서 • 88
내 마음 있는 곳에 • 89
달력 앞에서 • 89
님 오실 때 • 90
마음 길 • 90
빈 그릇 • 91
골방에 앉아 • 91
내 일생은 • 92
업장業障 소멸消滅 • 92
한 생각이 환영幻影이라 • 93
자유인 • 94
다도茶道 • 94
공空아닌 공空 • 95
내 모습 찾아 • 96
바삭거린 인생길 • 96
아침을 쓸면서 • 97
자유로운 마음 • 97
깨달음의 발길 • 98
탓하는 자 있거든 • 98
한 길 위에서 • 99
현자賢者의 말 따르면 • 100
주종主從의 법法 몰라 • 100
내 탓 • 101
한 인생 • 101
그냥 • 102
제 인생길 • 102

3부 사계의 숨결

빛의 신비 • 104
이 마음 • 104
무릇 흥취興趣 함이여 • 105
계절의 향기 가득한데 • 105
청명清明 한식寒食 • 106
봄의 서정 • 107
님을 품은 매화꽃 • 107
봄의 향기 하늘을 채우니 • 108
입춘지도立春之道 • 108
봄기운 • 109
봄빛 아래서 • 110
입춘立春 • 110
입춘수立春水 • 111
낙화 앞에서 • 112
밝은 세상 • 112
새벽안개 길 • 113
춘산春山에 올라 • 114
봄빛은 반야의 향기 • 115
홍매화紅梅花의 향기 • 116
매화꽃 피는 밤 • 116
무상無想 • 117
맑은 날 • 117
춘분春分 • 118
마음자리 • 119
목탁 소리에 • 119
새 생명의 빛 • 120
별빛 헤아리며 • 120
그림자 일거든 • 121

석별의 밤 • 121
폭풍이 지난 후 • 122
달빛에 녹아나니 • 122
한 생각에 • 123
여름 소리 멀어지니 • 123
가을 서정 • 124
가을 산에 올라서서 • 124
오색광명五色光明 • 125
가을 하늘 아래서 • 125
가을빛 따라 • 126
님의 밝은 미소 • 126
가을의 비밀 • 127
가을 한정閑情 • 128
가을 연정 • 129
만추晩秋의 향기 • 130
눈 오는 날 • 131
눈 내리는 경계 • 131
눈 • 132
폭설 • 132
눈 내리는 밤 • 133
설야雪夜에 • 134
고요한 마음 • 134

4부 산사에 피어난 법향

진공묘유眞空妙有 • 136
어둠이여, 밝음이여 • 137
지관止觀 • 137
진언의 빛 • 138

상락아정常樂我淨 • 139
법문을 태우는 촛불 • 140
보고 또 봄이여觀 • 140
무언無言의 향기 • 141
각성覺性 • 141
혜명慧明 • 142
님 찾는 길에 • 143
빈 소리 • 144
자성이 어디 있더냐 • 144
무한한 열락悅樂 • 145
진언의 빛 • 146
제행무상 • 147
방하착 • 147
상책常責 • 148
무욕의 땅 • 148
미혹迷惑 • 149
하마비下馬碑 앞에서·1 • 149
하마비 앞에서·2 • 150
성불하지 않으려는가 • 150
참나眞我 • 151
사무량심四無量心 • 152
나 먼저 만나 • 153
마음 빛도 고와라 • 153
감로의 문 • 154
일체 • 154
진리의 빛 • 155
승무僧舞 • 156
삼보일배三寶一拜 • 157
일불승一佛乘 • 158
내 안의 나 • 159
조화의 빛 • 160

정관靜觀 • 160
경계境界 • 161
붉은 법문法文 • 161
방하착의 마음으로 • 162
갈 길은 먼데 • 162
이 뭣고 • 163
한 울림 • 164
물아일체物我一體 • 165
여여如如 • 166
부처의 자화상 • 167
불광 아래서 • 167
일화一花의 세상 • 168
입마다 법향이라 • 169
불법의 뿌리 • 170
무각연등無覺然燈 • 170
이것을 보다 저것을 보고 • 171
옷을 벗네 • 172
님의 말씀 더듬거리며 • 172

5부 세상아, 사람아

마음 열고 보라 • 174
푸념 • 174
이것과 저것은 • 175
순리順理 • 176
헛됨과 참됨 • 177
영산강 변을 거닐며 • 177
면학정勉學亭에 앉아 • 178
시시비비是是非非 • 179

입술에 피어난 헛말 • 179
살다 보니 • 180
여생 길 • 181
흐름 • 181
아직도 할 일 남아 • 182
소리 모아 • 182
인연의 힘 • 183
허상虛像을 쫓다 보면 • 183
정가의 봄 • 184
세상의 말들 • 184
하늘을 우러러 • 185
바른말이나 헛말이나 • 185
마음길 • 186
민초의 마음 • 186
민심은 어데 두고 • 187
서로를 읽으며 살려 하네 • 187
세상 이름, 국민 • 188
탓하지 않네 • 189
심야의 숨결 • 189
이 한 세상에서 • 190
가뭄 탄 농심 • 191
무언의 그리움 • 191
인복 • 192
마음의 실업자 • 193
참뜻 • 193
점 집을 찾는 발길 • 194
인연 • 194
서로의 등을 맡길 수 있다면 • 195
잘 보시게나 • 195
민심民心을 알려거든 • 196
세상인심 • 196

장부의 뜻 • 197
세상살이 • 197
청산 같은 인연 • 198
침묵의 소리 • 198
세상은 • 199
일과 품삯 • 199
이 세상 어느 곳은 • 200
나답게 살라 하네 • 200
정월 대보름날에 • 201
그리움은 별빛 따라 • 202
알면서도 • 202
님과 마주 앉아 • 203
단비 • 203
사랑의 침묵 • 204
님 만날 수 있다면 • 204
애증愛憎의 정情 • 205

6부 빛과 그림자

마음의 등불 • 208
안분지족安分知足 • 208
무념無念의 빛 • 209
저녁노을 바라보며 • 210
원래는 • 211
푸른 언덕 찾는 마음 • 212
참빛眞光 • 212
찬 머리 찬 가슴 • 213
미혹의 길 • 213
본래의 마음 • 214

무주無主의 맹시盲視 • 215
옛날같이 • 216
허공인 듯 만공인 듯 • 216
연지蓮池에서 • 217
마음의 산통算筒 • 217
이제라도 • 218
고독한 마음 • 219
미행尾行 • 219
선각자先覺者 • 220
빛과 그림자 • 220
원래(原來) 없으니 • 221
참모습 • 222
지혜로운 자 • 222
지혜의 빛으로 • 223
청맹靑盲과니 • 223
무주의無主義 맹시盲視 · 2 • 224
인생길 • 224
옳고 그름 • 225
빛 따라 소리 따라 • 225
분별分別 • 226
마음줄 • 226
순리 따르는 자 • 227
지혜의 빛 • 228
논論하고 취取하려 하나 • 228
구求한다는 것 • 229
지혜의 빛은 • 229
먼지를 털어내니 • 230
현자賢者 • 230
사군자四君子 • 231
본모습 들추면 • 231
들녘에서 • 232

사심불구蛇心佛口 • 232
먼지만 쌓여 있네 • 233
현자賢者의 눈 • 233
지혜의 빛 앞에 • 234
흘러감의 미학 • 234
빛과 그림자는 • 235
다시 보면 • 235
있는 대로 • 236
설익은 참구자參究者 • 236
생각하는 것은 • 237
본래의 마음 2 • 238
감사의 마음 • 239
사람 사는 길은 • 240
인생이 뭐길래 • 241
인생사시人生四時 • 241
영성을 찾아가는 사람들 • 242
심인 • 243
세정世情 • 243
달빛을 잡으려다 • 244
진여眞如 • 244
분별심 • 245
먼지를 털면 • 245
마음 한번 돌리면 • 246
발가는 길에 • 246
바람의 얼굴 • 247
문 • 247
자존自尊 • 248
오색의 빛 • 248

* 詩中問答 • 249

1부

지혜의 빛

영생의 길

한 말씀,
영원한 생명을 위하여
새 산자의 성혈로 산자와 죽은 자 앞에
영생의 길 삼본三本을 열어 주네
믿음,
생과 사의 갈등
오직 구원의 길을 찾는
산자의 심혼心魂
소망,
품음과 버린 자의 꿈
지금 간직한 자만의 것
산 자의 영혼靈魂
사랑,
베푼 자와 못 나눈 자의 짐(빚)
서로 먼저 베푼 자의 것
산자의 자심慈心
삼본三本
영원한 생生과 사死의 길
이를 열어주는 힘
믿음, 소망, 사랑의 몫이네.

맑은 물빛

달과 별은 어둠을 넘어 새벽을 건너오는데
안개와 구름은 햇살 따라 산허리를 감돌고 있네
밝음과 어둠이 호수 위를 엎치락뒤치락 한데
닫힌 가슴에 찬 머리를 아무리 굴려도
호수에 흐르는 맑은 물빛을 헤아릴 수 없네.
나그네, 보나니
진리의 빛은 마음 깊은 곳에 밝음을 비추는데
방안의 촛불은 가물거려 어둠 위를 서성이고 있네
진리의 빛이나 촛불은 참마음을 다스리려 하니
아무리 세상 물이 뒤섞여 혼탁한들
끝내 맑은 물빛을 덮을 수 없다 하네.

님 만나려 내민 찬 손

갈색 하늘가에 매달린 밝은 달 수평선에 너울댄데
언덕 위에 반짝인 등대 빛은 갯바위에 꾸벅거리네
바람 끝 낙엽은 밤길 따라 사르르 구르는데
지난날에 거닐던 님은 찬 가슴에 서성이고 있네.
나그네,
깊고 깊은 밤 지킨 하얀 별 마음 자락에 감쌌는데
창가에 숨어 내린 달빛은 님 모습 그리고 있네
밤마다 밝힌 촛불은 빈방 안에 가득한데
진정 님이라 부를 님 만나려 찬 손 내미네.

한 말씀 안에

어둠 깊은 밤에 달빛이 유유히 내리듯
절벽 같은 삶에도 한 틈새에 희망이 흐르고
찬 빛 머금은 대지에 봄빛으로 새움이 꿈틀대듯
메마른 내 삶에도 한 말씀 안에 새 생명으로 태어나네.
나그네,
아무리 깊은 어둠도 한 빛 감출 수 없듯이
세상만사 요란해도 진리의 빛 이길 수 없고
사계의 변화에 자연의 순리 어길 수 없듯이
내 일상의 삶에 생명의 말씀 지울 수 없네.

한 음성

한 말씀으로 내 생애의 길을 찾으면서
외로운 영혼은 수만 리를 돌아왔네
눈뜨고 감은 눈을 알아보는 이 드무니
잠 깨어 촛불을 밝히며 한 음성을 듣네.
나그네,
한 말씀을 모른다 해도 듣는 이 들리나니
그 음성은 원대하고 청정하여 무한하다네
귀 열고 음성을 들으려 하는 이 많아도
영의 빛이 없는 이 갈 길을 묻고 있네.

기도

깊은 밤 홀로 서서 하늘을 지키려는 마음이여
내 생애 가장 아름다운 기도의 빛 밝히라 하네.

꽃향기에 젖어 고뇌의 밤을 지키는 촛불이여
찬 가슴을 열고 회개의 무릎을 꿇으라 하네.

찬 머리를 굴리며 천명天命을 헤아리는 마음이여
농익은 기다림을 품고 믿음의 빛 피우라 하네.

환희에 찬 아침 천명을 열어보는 마음이여
닫힌 마음을 열고 소망의 빛을 받으라 하네.

만남의 미소를 품고 사랑의 빛을 비추는 믿음이여
겸손히 무릎을 꿇고 평화의 빛 받으라 하네.

경전經典

종이에 기록된 유형의 그림자
보는 존재와 보인 존재와의 교감의 빛
인간 본래의 마음에 자리한 영혼의 울림이리니
보라,
인간 본래의 모습을 숨겨놓은 그림자
그 안에 상생하는 무형의 힘은
세상의 그 어떤 것보다 더 큰 진리의 요람이라.

이내 몸과 하늘과 땅엔

인간사 번뇌로 가득함이 비 오는 날 구름 같으니
높고 푸른 하늘빛은 가려있고
이내 몸은 세상살이에 묻혀 있네.
천지창조의 한 말씀이여.
만유 생멸의 한 현상이여!
그 누가 그 말씀 새기며 전하고
그 어느 때 그 현상 바로 알까 하네.
나그네여!
저 하늘의 흰 구름 걷히거든 이내 마음 돌이켜 보라
내 작은 마음 안에 밝은 빛 있으리니
하늘과 땅엔 구원의 빛 영광의 노래 가득하리라.

목마른 자

목마른 자 샘물을 만나도
목마름 그칠 줄 모르니
여인의 두레박 무슨 소용이 있으랴
여인은 큰 죄 짓고도
두레박을 버리고 주님을 따르니
말씀 속에 솟아난 구원의 생명수 받았네.

생명나무

흠 있는 자 유혹의 손을 뿌리치지 못함이여
천사를 만난 죄인 더욱 잘못을 감추고 있는가
구름 속에 가려진 태양의 빛이여
동산에 자란 생명나무 시들 줄을 모르는구나.
나그네,
어리석은 자 지혜의 빛을 모름이여
인자를 만난 위선자들 몸을 들추고 있는가
말씀 속에 익어간 포도 열매여
옥토에 자란 포도나무 잘려나가지 않네.

말씀

어리석은 자 참됨을 참됨인 줄 모르나니
기름 없는 등잔을 밝히려 함과 무엇이 다르겠는가
하늘과 땅을 밝히는 빛의 선물이여
믿음 안에 싹튼 말씀이라 시들지 않음이네.
나그네,
배부른 자 굶주림이 고달픔인 줄 모르나니
바퀴 없는 수레를 끌고 가라 하는구나
땅끝 넘어 또한 세상까지 밝히는 생명의 빛이여
소망 안에 솟아난 말씀이라 목마르지 않음이네.

나무 송頌

나무는 땅에 뿌리가 있고 하늘로는 가지가 있나니
뿌리는 감추어진 본질이요 가지는 드러난 현상이라
본질이나 형상도 본래 없음이니
모두가 공空 아닌 공空이니 걸림이 없음이라.
나그네,
뿌리는 마음 밭에 내리고 가지는 몸뚱이에 자라니
마음 밭과 몸뚱이는 본래 불이가 아닌 한 형체라
뿌리와 가지는 지혜와 성품과 같음이니
좋은 땅에 자란 나무는 그 자리가 바로 영생이네.

영생의 빛

산에 소나무가 있고 호수에 연꽃이 피었나니
이 두 가지 모두 청정함이라
이 청정함 본래 마음 안에 있나니
소나무와 연꽃이 바로 무소의 뿔이네.
나그네,
말씀은 뿌리요 믿음은 열매이니
이 두 가지는 모두 마음에 있음이라
이 마음 진실해야 님을 알 수 있나니
말씀과 믿음이 바로 영생의 빛이네.

이 한 말씀

하늘에 푸르고 맑음이 한限이 없으나
구름은 어디서 달려와 가리려 하네
세상사 하는 일이 끝이 없으나
사람은 생로병사에 매여 맘뿐이네.
나그네,
세상에 바람 소리 그칠 새 없고
사람마다 번뇌 막상 지울 수 없네
하늘엔 어디서 일어나는 구름 가득하고
문자 없는 한 말씀 속에 무한 생명 담겼네.

세욕世慾에 지친 몸

세욕에 설친 몸 목마르니
어둠을 뚫고 감로수 한 모금 찾네
뜨락의 샘물에 달빛 녹아내리니
한 줌의 달빛도 함께 마시네.

나그네,
어둠을 삼킨 몸 묵은 잠을 토하니
닫힌 창문 열고 밝은 빛으로 씻네
가을바람 청연淸姸하게 달린 풍경風磬을 흔드니
처음도 나중도 없이 하염없이 울리네.

일생을

어두운 길에 초승달을 찾는 것은
씨앗을 뿌리려는 마음이요
밝은 방안에서 보름달을 찾는 것은
열매를 거두려는 마음과 같음이네.

씨앗 뿌림을 미리 생각하는 것은
내려놓으려는 소욕이고
열매 거둠을 미리 생각함은
더 붙잡으려는 탐욕과 같음이네.

나그네,
소욕은 필요한 만큼의 있음에
만족할 줄 알고
탐욕은 없음의 가지를 붙잡고
번뇌하고 있음이네

있고 없음은
즐거움과 괴로움의 척도가 아닐 터이니
일생을 씨앗 뿌리는 농심으로
텃밭을 가꾸며 살려 하네.

새벽 들길을 걸으며

새벽 들길 걷다 보니 옷깃에 이슬 젖음이여
누구를 원망하거나 탓하여 무엇하리
마음으로 걷고 몸으로 부딪침이여
그 누가 진리의 이 길을 멀다고 하리.
나그네,
새벽 길 걷다 보니 어둠도 밝음도 아닌 길이여
누구를 좋다 싫다 편들어 무엇하리
눈빛으로 보고 마음으로 생각함이여
그 누가 명암의 이 길을 밟지 않으리.

섭리攝理

자연은 계절 따라 그색色을 자랑하고
인심은 시류時流 따라 그 뜻을 전하려 하네
인생은 세월 따라 그 맛을 즐기려 하고
신심은 만법 따라 그 향香을 전하려 하네.
나그네,
자연은 변화무쌍하니 만상萬象을 드러내고
인심은 번져감이니 진위眞僞를 밝히려 하네
인생은 흘러감이니 무상無常함을 말하려 하고
신심은 공허함이니 찰나의 도道를 맛보려 하네.

본래는

철 따라 뿌린 씨는 결실을 꿈꾸고
거두는 결실은 풍요를 노래하네
원래 꿈과 노래는 하늘이 준 선물이니
땅에 베풀고 하늘에 곳간을 두라 하네.
나그네,
고뇌의 불꽃은 가마솥을 태우고
달군 가마솥은 생멸을 끓이네
본래 태우고 끓이는 것은 마음의 불꽃이니
땅에서 살고 하늘에 잠자리를 두라 하네.

모양 없는 향기

하늘과 땅의 무한한 울림이여
생성과 소멸은 머뭇거림이 없네
시절과 인연의 걸림 없는 흐름이여
그 누구도 그 근본을 바꿀 수 없네.
나그네,
가슴을 적시는 소소한 바람결이여
시냇가의 코스모스와 담소를 나누네
자비와 베풂의 모양 없는 향기여
천지인의 벽을 허물어 주네.

구원의 등불

한평생 쌓고 닦은 말씀의 힘이여
진리의 길 따라 뭇 생명을 품으시니
빛의 신비로 보여주신 님의 고운 모습
사방에 드러내고 이끄시니 영광의 빛이시네.
나그네,
선악의 업罪業인가 정업淨業인가 참회함이여
말씀의 힘입어 진리와 지혜의 빛 나누니
인연의 신비로 보여주신 감사의 공덕
항상 청정하고 참다워 구원의 등불이시네.

삼륜청정 三輪淸淨

나와 너 그리고 이것이 지금 이렇게 어울림이니
있고 없음을 생각지 않으려 해도 자꾸 고개를 내밀고
삼륜의 상相이 앞다투어 자기를 드러내려 하니
헛되고 잡된 것이 얽매여 언제 청정淸淨하려나.
나그네,
세상의 있고 없음이 헤아릴 수 없는 존재의 상相이나
찾으려 해도 품으려 해도 실오라기도 붙잡지 못하고
진정 베풂의 상相이 있음인가 없음인가 잊으려 하니
함이 없는 마음끼리 비움의 향기 맑게 피웠으면 하네.

상을 보라, 그리고

보라, 저 별과 달 그리고 구름이 잠든 하늘을
부처도 중생도 없고 스승과 제자도 없구나
은하수와 모래알은 하늘과 바다의 뼛조각이요
모든 성인과 선지자는 여름밤의 반딧불이네.
나그네,
들어라, 저 사랑과 자비 그리고 평화가 멈춘 세상을
천지신명도 잠들고 단 한 말씀의 울림만 있구나
천둥·번개와 폭포 소리는 하늘과 강산의 합창단이요
진실과 양심의 대변자는 가을밤의 낙엽이네.

선행善行과 악행惡行

오늘의 시름 내일까지 이어가려는 가
예나 오늘이나 미련 두지 말라 하네
사람의 일생 일백 년 남짓 하늘의 뜻
어쩌자 본래의 마음을 잊으려 하는가.
나그네,
해와 달을 보고 하늘의 순리를 보고
눈과 귀로 세상의 돌아감을 알려 하네
해와 달은 어두웠다 또다시 밝아지지만
선행과 악행은 끝내 머물 곳이 서로 다르네.

님이여, 당신은

봄볕에 싹 틔우는 나무들처럼
참고 견디는 힘을 간직한 당신은
구원의 문을 열어주는 영혼의 생명입니다.

어둠의 빛 넘어 밝음의 빛 찾아
모든 것 맡길 수 있는 당신은
노를 젓게 하는 희망의 믿음입니다.

우주 안의 작은 흔적이 아쉬워
이름을 불러주기 바라는 당신은
영원을 향한 진실한 소망입니다.

세상에 의로움과 평화로움을 위해
풍요를 나누며 봉사로 채우는 당신은
즐겁고 행복한 동행의 사랑입니다.

우뚝 솟은 언덕 큰 나무 위에
둥지를 틀고 새끼를 돌보는 새처럼
당신의 품은 구원된 영혼의 요람입니다.

베풂의 빛慈悲心

어둠을 뚫고 여명의 빛이 밝아오면
먹구름이 덮어도 그 빛 감출 수 없고
비바람이 몰아쳐 그 빛을 숨기려 해도
본래 그 빛은 마음 안에 비추고 있네.
나그네,
살며 받은 거울과 빗 한 자루 있다면
어둠에 깔려도 그 단정한 모습 지울 수 없고
태풍이 몰아쳐 그 모습 없애려 해도
본래 그 모습은 베풂의 빛으로 남아 있네.

그 자리

사랑도 못다 한 세상에 미움을 찾아 무엇 하리
있음도 없음도 다 알지 못하니 무霧아닌 무無이네
이제 그 누구의 눈빛에도 빗나감이 없음이니
안과 밖의 성품은 본래 하나 됨을 따름이네.
나그네,
참과 거짓도 본래 분별이 없음이니
있음과 없음도 다 마음 안의 티끌이네
이제 이 티끌 닦아내어 지혜의 빛 비추리니
참과 거짓을 다 아우리 면 그 자리가 진리이네.

진리 앞에는

사람은 어리석다 하고
세상은 어리석음을 모른다 하니
진리 앞에는
어리석음과 지혜로움이 따로 없구나

밝음과 어둠 속에서
이것 저것 모두가 만법이러니
벗어남과 건너감이
해탈의 강에 닻을 올림이구나

나그네,
세상의 온갖 일거리
다 할 수도 안 할 수도 없으니
그렇다고 '내' 일 아니니
모른 다 지나갈 수도 없구나

할 수만 있으면
남의 이목에 마음 팔지 말라 하니
연못에서나 항아리에서나
자연스레 연꽃 피워냄이로구나.

현자賢者여, 우자愚者여

흰 구름 한 종일 동산 위에 앉아 있으니
하늘과 땅이 서로 주인 노릇 하려 하는구나
시시비비 한 세월 세상 속에 뒹굴고 있으니
진실과 거짓이 서로 참인 듯 떠들고 있네.
나그네,
바람을 잡으려 하는 현자賢者여, 우자愚者여
이 세상에서 한 눈 속이 되어 외치고 있는가
인생의 길에 가장 강하고 밝은 빛은 진실이나니
오직 참 주인만은 밝은 달 아래 웃을 수 있다 하네.

한 인연으로

한 인연으로 물에 차茶가 녹아남은 거짓 없는 현상이니
물과 차茶는 청정하여 서로 참眞을 드러내려 하는구나
감로甘露의 물에 우러난 감로의 다향茶香이여
향기 속에 거짓이 없으니 만 리의 참 빛이더라.
나그네,
이것과 저것이 그것을 만들어내니
이것저것은 없고 그것만 남았네
이 말씀 저 말씀 그 안에 있는 말씀이여
만유의 다툼을 다스리니 만유의 참 빛이더라.

세월 따라

한 걸음 걷고 바라보니 청산靑山이요
또 한 걸음 걷고 바라보니 설산雪山이네
걷고 걷는 발은 내 같은 발이었건만
시냇가에 꽃 날리고 연鳶 날리는구나.
나그네,
세월의 흐름을 모른다고 뉘 탓하랴만
아침 이슬 한 모금 물고 오른 안개처럼
노을 빛 산허리 머물다 지나간 구름처럼
인생도 한 줌의 빛줄기 속에 홀로 서 있네.

님을 님이라 부르는 것

열린 하늘 초가을 달빛이 가슴에 내리니
먼 빛의 못다 잡음을 누구에게 탓하랴
마음 눈 활짝 여니 그곳이 여기 있으니
뜻이 통通하여 만남이 없어도 그대를 바라봄이네.
나그네,
빛 따라 쉼 없이 흐르는 시절 인연이여
아쉽다 그립다 함을 어설픈 정情이라 탓하랴
꽃피어 향기 피움은 본本 생명의 원천이니
님을 님이라 분명히 부르는 것 대오大悟라 하겠네.

말씀 안에 살다 보면

오가며 마주친 눈빛
무슨 깊은 인연이랴
스치고 가면
뒤돌아보지 말고 가는 길 가게나

가는 길 멀고
할 일 다 이루기 어려우니
빈 배낭에
한 기쁜 소식만 담고 가게나

나그네,

세상살이 무슨 일 그리 많아
인연의 끈도
가지가지 끊기가 어려우나

믿음으로 맺은 끈 아니면 삭기 쉬우니
말씀 안에 살다 보면
좋은 인연만 남으리.

공좌空座

세상이 시시비비是是非非로 창문을 깨트리는데
그 소리, 저 광장에 북과 종을 울리네
자비慈悲의 곳간에서 인욕忍辱이 춤추나니
온 누리가 환영幻影에서 벗어 난 공空함이네.
나그네,
더디 가는 소를 후려침인가 달구지를 후려침인가
그 소리, 심야에 맑고 멀리 울려 퍼지네
알고 모르는 곳에서 무심코 후려쳤나니
소와 달구지의 꿈틀거림도 그대로 공좌(空座)이네.

한 소식 내 안에

손가락도 못 보는데 달인들 어찌 보겠는가
보고 못 보는 것 눈뜨고 있음만도 아니네
만법의 소식이 온 세상에 울림인가 했더니
한 소식 내 안에 웃음으로 피어나고 있네.
나그네,
눈 뜨고 감음이여 일법을 행하지 않으면
만법의 깨달음도 목마의 날뜀과 같다 하네
노송이 바위틈에 시들어 가는 가 했더니
한 세월의 시름을 잊고 공생하고 있음이네.

빛의 묘용

한 말씀의 울림이여, 진리의 빛이라
아는 이 모르는 이 한 빛 아래 있다네
닫힌 문 열고 돌계단 오름은 깨어남의 몸짓이나
알음알이에 매달린 것은 그림자만 밟고 있음이네
나그네,
빛 따라 소리 따라 가는 길이여
마음의 샘물 청정수로 흐르니
세상의 바다에 흐른다 해도
둥근 빛의 묘용은 그침이 없으리라.

빈 수레

봄바람이 이 몸을 묶으려 하나 매듭이 없고
촛불로 마음을 태우려 해도 형상이 없네
미소는 매듭 없고 형상이 없어도
멀어져간 손길을 잡아주고 찬 가슴을 녹여주고 있네.
나그네,
춘향은 꽃잎 없어도 풍기어 오고
법향은 법문 없어도 스미어 오는데
세상 인심은 달콤한 약속 넘쳐나건만
백사장을 달리는 빈 수레 뿐이네 그려.

마음 따라

혀 끝이 허망하니 사심邪心을 낳고
손놀림이 방탕하니 탐심貪心을 기르네
눈빛이 허황하니 분심分心을 낳고
발길이 우왕좌왕하니 고심苦心만 쌓이네.
나그네,
수선 피운 입술을 다무니 정언正言을 낳고
올곧지 않은 손놀림을 멈추니 정심正心을 기르네
흐트러진 눈빛을 모으니 초심初心을 낳고
서성거린 발길 멈추니 평상심平常心을 찾네.

만유萬有에 찬 광명

세상에 말들 넘쳐나도 참말은 메마르고
어둠에 별들 반짝여도 밝은 달은 기우네
언덕 오르는 수레 멈춰도 주인은 오르고
바다의 찬 물결 출렁여도 빈 배는 떠 있네.
나그네,
세상에 진실은 널려 있어도 드러나지 않고
거짓의 무리가 어둠의 길에 촛불을 들고 있네
진실과 거짓은 시시비비에 눈처럼 휘날리고
만유에 찬 광명은 이 내 마음을 밝히고 있네.

생명의 말씀

별빛이 달빛을 타고 내리는 깊은 밤
골방에 외로운 촛불 마음을 밝히네
어둠도 밝음도 없는 광명의 빛 비추니
하늘 향한 구원의 손 내 마음의 합장이네.
나그네,
하늘의 빛 땅의 빛 내 안에 흐르는 밤
무릎 꿇고 모은 손 한 죄의 짐을 사루네
선행도 불선행도 없는 참자유의 빛 비추니
세상 향한 생명의 말씀 내 마음의 등불이네.

진아眞我의 빛으로

아침에 해가 뜬다. 밤에 달이 뜬다 하니
해와 달은 시공을 가리지 않는다 하네
내 말이 옳으냐 네 말이 옳으냐 하니
내 말 네 말 원래 아무것도 없다 하네.
나그네,
진리는 감도 없고, 옴도 없다 하니
어제와 오늘을 가리지 않는다 하네
진아眞我 앞에는 안과 밖이 없다 하니
그 빛으로 이 세상을 두루 살피라 하네.

상도常道

자연은 스스로 있는 본래의 현상이요
도道는 도道라고 하는 원래 없음의 있음이리니
이 세상에 영원불변한 진리의 도道 어디 있을까
말로서 말할 수 없으니 하늘의 약속에 있는가 하네.
나그네,
우주 만상에 한 이름 지어 부르니 자존이라
이 이름 또한 영원불변의 도道라 할 수 있겠는가
이 이름 그 누가 잘못 지어 부르면 어떠하겠는가
현묘玄妙하고 불변의 이름은 말씀 안에 있는가 하네.

이름名

이름 모를 풀꽃도 그 이름 있음이니
나 모른 다 하여도 그 실체 없음이 아니요
알고 모르고는 존재 이전의 실체를 모름이니
만물 생성의 없음無의 현상을 생각해 보네.
나그네,
우리라는 세상에서 서로 부르는 이름 있으니
그 본질을 알고 모르고는 한 방편일 뿐
이름이 있음은 만물의 한 자존自存이니
한 처음 우주 창조의 한 말씀 안에 있네.

자유自由

맑고 밝은 가을 하늘에 강변 따라 철새가 날으니
하늘거린 날갯짓 그칠 줄 몰라 어디로 가려는지
하늘과 땅을 무심코 바라보는 마음을 활짝 여니
이 보다 더 큰 자유를 찾을 게 없구나.
나그네,
구름 걷힌 하늘가에 한마음 띄워보니
어깨의 짐도 가슴의 맺힘도 사라짐이라
무등산을 휘감아 도는 흰 구름 자락에도
억새꽃 나부끼는 바람 끝에도 한 점 걸림이 없구나.

참모습

꽃 없는 나무여, 풀 아닌 풀이여
사계四季의 바람 앞에 그 모습 드러나니
풀 아닌 풀이여,
땅의 아들이 거두어 불 살아 버림이요
꽃 없는 나무여,
믿음의 아들이 잘 익은 열매를 얻음이네.
나그네,
거짓도 참됨도 흔들림이여
유혹의 바람 앞에 아차! 하나니
거짓의 옷 입은 수행자 악취 가득하고
참됨의 낮은 자 깨달음의 향기 피어나네.

님은

님은,
님일 뿐
그 어떤 말로도 말하지 않고
드러내거나 숨기려 하지도 않는다.

님은,
바라봄도 만남도 말하지 않고
삼라만상의 인연도 해탈도
말로써 말을 하지 않는다.

님은,
알고 모름을 생각지 않고
스스로 깨달음만
빛 가운데 있을 뿐.

님은,
구름이 하늘을 가르며 지나가듯
가는 길엔 흔적이 없고
허공만 그대로 품고 있을 뿐이다.

의인義人

진리와 합일한 사람의 아들이 의인이리니
세상의 부귀영화에 마음 두지 않고
인간의 지혜나 감정에 메이지 않으니
모든 일 본래 있는 그대로 따름이라.
나그네,
세상 것과 인간의 탐욕과 욕망을 버리니
거짓 선지자의 간교한 구덩이에 빠지지 않고
의로움의 행동으로 본연의 자태를 보여주니
생명의 빛인 진리의 말씀을 가르침이라.

생명의 빛

깊은 밤에 반짝이는 별빛을 보라
그 어느 것 하나 홀로 눈부시게 하는가
서로서로 흩어진 자기의 빛을 모아
어둠과 함께 세상을 밝히고 있구나.
나그네여,
이 모든 것 자기만을 드러내지 않음이니
빛이 있으나 없음과 같음이요
그 무엇과도 조화를 이룸이니
보라, 자비의 빛이요 생명의 빛이라.

내일도

새벽 여명의 빛이 닫힌 창을 두들기니
꿈길의 일을 하나하나 지우고 있네
비운 마음에 한 말씀 밀려오니
한 획도 덧칠하지 않고 백지를 펼치네.
나그네,
찬 머리에 빈 가슴으로 하루 일 시작하니
조용히 무릎 꿇은 마음 후회 없으라 하네
말씀으로 채운 삶 헛일이 아니다 하니
오늘 그리고 내일도 그렇게 하라 하네.

빛이 부를 때

인생의 흔적 저녁 연기처럼 사라지리니
지금 빛 받은 삶 마음 열고 밖을 바라보네
눈 깜박할 때 밤낮이 바뀌는 세상이니
빛이 부를 때 응답하며 그리하라 맡기네.
나그네,
살다 보면 그래도 좋은 세상 있으리니
사랑 안에서 기쁜 노래 부르며 살려 하네
밤이 깊어 새벽의 빛 더욱 밝아 오니
찬바람 안고 삶의 해답을 풀어가려 하네.

한마음 헤아리지 못하고

온 세상에 무량한 자비 광명 두루 한데
티끌 같은 한마음 헤아리지 못하고
무슨 세상 번뇌를 모아 쌓으려만 하니
참 진리의 등불은 언제 밝히려 하느냐.
나그네,
시냇물 흘러 걸림 없이 바다에 이르고
구름은 흘러 소리 없이 허공을 비우는데
세상 인연을 묶어놓고 마음을 열지 못하니
탐욕의 망상은 언제 소멸하려 하느냐.

마음의 샘물

어옹이 바다에 배 띄우고 어망을 던지는데
물고기는 바람 따르고 낚싯밥에 놀아나네
만상이 바람에 스치고 달빛에 녹아 난데
인생은 인연 따르고 법을 따른다 하네.
나그네,
인생이란 뭣인가 속이며 살아가는 것인데
뭐 그리 서둘러 매듭 풀려 야단법석인가
손에든 바구니에 얼마나 물 남았는가
만고에 마르지 않는 마음의 샘을 파라 하네.

경책警責

해와 달이 동산 서산을 보란 듯이 물들이고
세상 온갖 일 다투어 고개를 내밀고 있네
날마다 주어진 일거리 은혜의 참 선물 이러니
힘들고 늦을 지라도 하늘의 일 미룰 수가 없네.
나그네,
무더움에 땀 흘리니 세상의 온갖 때 끼고
그 묵은 때 빨려고 방망이로 머리통을 두들기네
세상에 넘쳐 난 탐욕 영욕의 뱃살을 퉁퉁 찌우니
어리석고 지혜로운 손끝으로 삼종三鐘 방울을 울리고 있네.

한 말씀으로

달 밝은 밤 서재에 앉아 서책을 뒤적이니
이런 글 저런 글이 눈길을 멈추게 하네
밤 새워 마음 씻을 글 찾으려 하지만
차라리 하늘의 별 헤아림만 못하다 하네.
나그네,
달은 밝아도 마음눈 어두워 촛불을 켜니
이런 생각 저런 생각을 촛불로 태우고 있네
진실과 거짓을 한 생각으로 분별하려 하지만
침묵 속에 흐른 한 말씀으로 마음을 다스리고 있네.

본마음本心

서로 인사하는 마음 공경의 덕이요
서로 배려하는 마음 감사의 은덕이며
의를 따르는 마음 양심의 행위요
말을 신중히 함은 생각을 밝게 함이네.
나그네,
나를 찾으려는 마음 자아의 깨침이요
나를 부르는 마음 경계의 성찰이며
선禪을 참구參究하는 마음 진아眞我와 합일 함이요
법法을 알아차림 함은 증도證道 함이네.

정직한 마음直心

늘 하늘을 우러러 보며 생각한 것은
그 무엇을 찾고 구하고자 함이니
번뇌가 다한 한 마음은 집착을 버리는 것
깊은 마음深心 따라 도道를 구함이네.
나그네,
하늘 아래를 바라 보며 고개를 숙이는 것은
가장 드높은 맑은 마음이 흐르고 있음이니
산다는 것은 정직한 마음 따라 움직이는 것
살며 베푼 마음은 회향廻向의 강江 건너고 있음이네.

님의 참모습

한 처음 있음으로 밝고 깨끗한 님이여
더럽혀지고 어지러운 마음 바르게 다스리니
구름에 가려진 달
그 어둠을 어찌 한탄하리
빛은 빛으로 빛나니
우주적 사랑을 밝힐 뿐이네.

나그네,
온종일 님 찾아 헤맨 광야의 길이여
숨겨진 틈으로 보여 준 그 환한 빛 품으니
눈부심으로 가슴 녹여주니
한량없는 마음
한 깨침의 기쁨으로 나비춤을 추고 있네.

나그네,
강 건너 산 넘어 살고 계신 님이여
바람 따라 물결 이루고
구름 뜨락 이루니
잔잔한 강 밑에 산 그림자만 흐르더니
청정한 마음 고개 숙이니
님의 참모습 보이네.

영성의 향기

오광을 머금은 갈바람 낙엽은 흰 산에 가득한데
세상을 구원할 님의 말씀은 흰 구름 사이에 있네
시절 인연으로 맺은 이들 다 가고 또 오나니
눈보라 휘몰아쳐도 촛불은 밤마다 밝히고 있네.
나그네,
오욕을 머금은 어리석은 이들은 세상을 활개 친데
세상을 밝힐 지혜의 빛은 돌담 사이에 있네
사랑과 자비로 베푼 이들 작은 손길도 감추나니
유혹에 휩싸여도 영성의 향기는 온 누리에 가득하네.

성자들의 삶

공맹자는 회초리를 드는데
노장은 빈손을 내미네
석가는 등불을 밝히라 하고
예수는 말씀을 전하라 하네.
나그네,
세상 사람은 회초리를 맞으며 살아가고
자연인은 빈 손을 내밀며 살아가네
출가 인은 등불을 밝히며 살아가고
하늘사람은 말씀을 먹고 살아가네.

자비관慈悲觀

뭔가 알면 유식하다 하고 모르면 무식하다 하고
뭔가 간직하면 소유라 하고 버리면 무소유라 하네.

세상일 내가 좋으면 선이고 나쁘면 악이라고 하고
내 일을 남이 잘하면 싫고 못 하면 좋아라 하네.

나의 일 남의 일을 시시분별하다 보면 마음 상하니
잘하며 잘한 대로 못 하면 못한 대로 받아들이라 하네.

나그네여,

너와 나의 일 따로 없음을 바로 보는 물결 일면
이런 일 저런 일에 걸림 없고 한결같은 마음 된다 하네.

지금 내 앞에 있는 대로 마음결 일어나는 대로 바라보고
인생길을 물 흐르듯 미련 없이 받아들이며 흐르라 하네.

세상일에 휩싸여 무고하게 고난과 압박을 당하여도
한순간 빛바랜 가슴을 열고 바로 봄靜觀의 빛 받으라 하네.

시절 인연의 묘용

세월은 해와 달을 갈아먹고 토하니 바다를 이루고
인연은 만남과 헤어짐을 두루 삼키니 바람에 일렁인다
시절 인연은 천심과 인심을 한데 모아 숲을 이루니
사람들은 흑암 중에 생명의 빛 있음을 알지 못하네.
나그네,
세상은 진실과 거짓의 옷을 걸치니 짝퉁이 범람하고
양심은 착함과 추악함을 말아 마시니 빈 가슴 출렁인다
인심은 마땅히 할 말을 모아 뜬구름에 감추니
사람들은 실낙원에 빛의 열매 있음을 알지 못하네.

탐욕의 강

가을빛은 오색을 걸림 없이 구어 낸데
나그네는 오광을 찾아 헤매네
갈대꽃은 강가에 노옹처럼 고요하니
나그네는 밤 하늘의 별을 따고 있네.
나그네,
하늘은 바람을 미련 없이 내어 준데
세상은 영욕을 한사코 붙잡네
고해苦海에 띄운 일엽편주一葉片舟는
탐욕의 강 건너 노 저어가고 있네.

참마음

하얀 달 가운데 있는 마음이여
고요히 앉아 흩어진 구슬을 꿰어 굴리니
어디서 불어오는 한 소리가
오늘의 나를 있는 대로 노래 한다.

맑고 깨끗함 원래대로 변함 없음이여
활활 타오르는 불 속에 몸을 사르고
번득이는 번뇌의 뿌리를 끊으니
타버린 재를 모아 가슴에 새긴다.

밝은 달빛보다 고요하고 청정한 거울이여
혹세의 미혹한 유정을 비추어 깨뜨리니
원래 주어진 내 생애의 짐을 지고서
미련 없이 흔적 없이 사라질 진흙소泥牛인가.

한 평생 살며 챙긴 이것 저것 걸림 없음이여
뜨락에 녹아내린 달빛 고요한 마음으로 바라보며
우주 창생을 열어 볼 관문觀門을 찾으니
생명나무에 새움을 틔우고 싶은 찬바람이네.

온 곳이 없으니 갈 곳도 없음이여
세상의 허물을 덮고 어루만지며
살아온 생 헛됨 없고 허망하지 않으니
모든 것 비워도 넉넉함이 참마음이런가.

2부

알아차림의 여정

관심觀心

세상의 일터에 세상 말이 흩날리니
어느 것이 옳고 그름인지 분별할 수 없네
청산봉青山峯에 진리의 깃발이 휘날리나
어둠에 싸인 달빛 아래는 그림자뿐이네.
나그네
밝고 밝은 스승의 빛줄기를 가슴에 품고서도
찬 가슴 돌머리로는 바라볼 수 없네
밝힌 등불 산사를 내려와 거리마다 늘려 있으나
걸림 없는 그 성품은 본래 어디에도 없음이네.

번뇌 망상

이고 진 번뇌 망상 살포시 벗어다가
타오르는 가슴 밭에 말없이 태웠네
세상사 잊었다고 대장부라 했더니
눈 안에 스치는 그림자 소리쳐 부르네.
나그네
인간 세상에 물결치는 번뇌여 망상이여
눈 뜨고 눈 감음의 빛이던가
구름이 걷히고 파도가 밀려가니
하늘과 바다가 하나라 하네.

수레바퀴 인생

오늘도 생각 속에 일하며 살아가니
일 속에 한 생각 묻어나고 있구나
생각과 일 속에 한 죄업이 일어나는데
그 언제까지 이 한 생을 수레 타고 가려 하는가.
나그네,
원래 주인 없어 소고삐 풀렸는가 했더니
소 없는 수레가 언덕길에 메어있네
붉은 노을빛 산허리에 머물러 있는데
풍진객은 지팡이로 수레바퀴 가리키고 있네.

내 마음 밭

눈 내린 밤 고요한데 찬바람 서성이니
내 마음 덩달아 마음길을 거닐고 있네
이것을 뿌릴까 저것을 심을까 비틀거리니
머리를 굴려 봤자 내 마음 밭은 얼어붙어 있네.
나그네,
눈보라는 내 꼴 보고 춤을 추고 있으니
내 마음 흥겨워 남의 밭에 씨 뿌리고 있네
눈이 내리나 바람 부나 마음 두지 않으니
남의 밭에 뿌린 씨 내 마음 밭에 자라고 있네.

청심淸心

달이 밝음인가 밝음이 달인가
밝음과 달이 마음에 비친 허상이네
양심이 참됨인가 참됨이 양심인가
참됨과 양심이 구름 거친 빈 하늘이네.
나그네,
이것이 무엇이고 저것이 무엇인가
이것저것 모두 본래는 무상이네
양심이 헛됨을 앎인가 헛됨을 앎이 양심인가
헛됨과 양심이 눈 덮인 찬 세상이네.

깨우치면

비 오는 줄 알면서도 우산을 쓰지 않음이여
사랑을 나눈 연인들 무슨 말이 소용 있겠는가
동산에 띄워 놓은 달빛을 머금은 태양이여
진흙 속에 타오른 연꽃 무슨 빛이 소용 있겠는가.
나그네,
잘못을 알면서도 비방하지 않음이여
하루를 장식한 노을인들 무슨 말 더 없겠는가
과거를 잊었다고 그 사실마저 없어짐이 아님이여
한 빛 아래 깨우치면 이 모든 것 무슨 소용 있겠는가.

깨어 있는 자의 등불

하늘의 빛줄기 밝고 맑은 말씀이여
어둠과 먹구름도 한 빛 가릴 수 없나니
무지한 자 손바닥으로 눈 가리려 함이요
회개하지 않은 자 하늘을 바라봄이네.
나그네,
깨어 있는 자 등불 밝혀 마중 나감이여
믿음과 기다릴 줄 모르면 아무 소용없나니
어리석은 자 잔칫상에 예복 입지 않고 나아감이요
지혜로운 자 기름 준비하고 잠 깨어 기다림이네.

영성의 삶

발길에 차인 돌멩이 세상을 구르면서
먼지로 뒤덮인 진실과 거짓을 조롱하네
발아래 관심은 두고 뭔가 취하려 하지만
그 흔적 찾다 보면 모습 없어 공허하거늘.
나그네,
이런 일 저런 일에 하루 일을 맡기면서
거친 숨결을 다스리는 것은 수행의 길이네.
돌멩이에서 살아 숨 쉬는 경험을 하면서
있는 듯 없는 듯 살아감이 영성의 삶이런가.

도道를 먹고 사는 인생

한 세상 살다 보니 도道의 길을 생각하나
도道가 무엇이기에 어디서 찾을까 하네

매일 뭇사람을 만나 이런 저런 얘기 나누어도
하늘과 땅 사이에서 사람의 자만함만이 우쭐대니

그 도道라고 하는 도道의 모습 찾을 수 없고
밤낮으로 천지를 쳐다봐도 안개만 자욱하네.

나그네,

매일 살아가는 내 인생 깊이 생각하다가
나름대로 어떻게 살아갈까 그 길 생각하네

사시사철 비바람에 씻긴 강산을 바라보며
나 같으면 어떻게 살아왔을까를 생각하니

이렇게 살아 있음에도 도道의 모습을 알지 못하고
이제껏 도道의 껍데기를 먹고 사는 내 인생을 어루만지네.

세상을 다스리는 마음

세상에 그 무엇을 알면 안다고 하고
그 무엇을 하면 한다고 하는가

말로써 말을 하고 글로써 글을 펼치면서
서로 자연스럽게 말없이 배우고 가르치니

쓸모없는 알음알이가 세상을 이끌려 하나
본연의 힘道의 흐름을 막을 수 없다 하네.

나그네,

인간의 삶이 자연과 더불어 하나 되니
이 이치를 알려 함이 지혜를 깨우친다 함인가

하늘과 땅에 인간의 욕망이 다스리려 하나니
그 마음 보이지 않게 베풂의 손 내밀라 하고

그 마음 드러내지 않고 편 가름 없이 하여
그 욕망을 비우고 도리를 채우라 하네.

살아간다는 것

세상에 말言 조잘대도
침묵은 오히려 자자 들고
새 소리 그치지 안 해도
산은 더욱 푸르러 고요하네
세상 민심의 소리
하늘과 더불어 무지개를 띄우고
바른말은 마음의 눈과 함께
무명無明의 빛을 밝히네.

나그네,
여름 지나 입추가 왔는데
열기熱氣는 아직 내 안에 가득하고
매미 소리 요란해도
큰 나무는 아랑곳없이 그늘만 내세우네.
시절은 우주의 순행 따라
자연스럽게 그 빛깔을 띄우니
내 인생은 본래의 모습 그대로
걸림 없이 자유자재 하려네.

보나니,
인연은 만법과 더불어
쉼 없는 연생연멸緣生緣滅로 그대로 이어가니
내 안의 끈은 만법과 더불어
그대로 걸림 없이 한올 한올 풀어가려네.

어찌하여

밝고 맑은 아침 햇살
절로 내리는 줄 어찌하여 모르는가
엊저녁의 어둠을 지금껏 안고 있음인가

세상의 것 자기 안에
마음껏 담고 있는 것 어찌하여 모르는가
무소유의 맛과 멋을 진정 모른단 말인가.

나그네여,
어찌하여 어제의 잘못
지금도 모른 채 간직하고 있는가
더 늦기 전에 버리지 않으면
태산보다 더 무거운 짐 되리라

지혜로운 자는 허물 벗기를
날마다 손 씻듯 하는데
그대는 어찌하여
허리띠를 더 동여매려 한단 말인가.

불이不二

밤하늘에 별빛 흐르니 어둠의 몸짓 깊어가고
새벽종의 울림 퍼지니 밝음의 눈빛 조아리네
인생이 어둠과 밝음을 한 몸에 걸치고 있으니
청송이 사계의 빛을 받음이니 심신이 불이라.
나그네,
만나고 헤어지는 것 별다른 인연의 뜻이 없고
구름과 바람이 한데 어울리는 것도 무심한 일이네
인생이 태어나고 죽음을 한 생애에 맡겨 놓았으니
나무가 꽃 피고 지는 것을 바라봄이니 생멸이 불이不二라.

깨달음

가고 감에 또 간다 해도 그 흔적 찾지 말고
오고 옴에 또 온다 해도 그 일 묻지 마라
가는 길이나 오는 길이나 다 그러하니
그 일 보거든 있는 듯 없는 듯 웃어나 보게.
나그네,
빛 따라 소리 따라 걷다 한 말씀에 머무니
가고 옴의 길을 묻지 않아도 분명히 보이네
가는 길에 무심코 주운 흰 돌 하늘 향해 던지니
나 태어나기 이전의 말씀이 내 가슴을 치네.

한 인생 돌아보니

칠십 여생을 한 줄기 빛을 찾아
무던히도 헤매었건만
산새는 오색 노을빛을 물고
소나무 위에 앉아있네.

산 오르고 올라 골짜기를 내려오다
산 그림자만 밟았건만
흰나비는 꽃향기를 한 모금 물고
구름 따라 날고 있네.

인생에 있어 하루 일이
무엇이냐고 묻고 또 물었건만
각시거미는 오색 옷을 입고
거물 망을 치고 또 치고 있네.

보나니, 산의 숲은 철 따라
제 색깔 빚은 옷 잘도 입었건만
한 인생살이 돌고 돌았어도
나 다운 내 옷 한 벌 입지 못했네.

밝은 기운

산에 홀로 앉았으니 한 몸인가 했더니
산 아래 내려오니 천만千萬의 몸이 되었구나
어둠 아래 밝힌 빛 하나인가 했더니
밝은 날 바라보니 온 누리에 가득하네.
나그네,
두 손으로 한 개의 촛불을 잡고 있으니
천만의 마음이 한마음을 태우고
어둠의 세력이 한 빛으로 물러가니
밝음의 기운은 은하수를 뿌리고 있네.

먼지 속에서

산에 오르나 방안에 앉아 있으나
먼지를 마시고 토함은 어쩔 수 없구나
홀로 재채기를 하니 고요함이 흔들리고
깊은 밤이 출렁이니 평상심이 무너지네.
나그네,
원래 먼지는 우주의 본체 이었나
하늘 아래 변화의 밑알 되었구나
인생길에 헛된 마음 먼지로 날리니
이 먼지 속에서 생멸의 기침 소리를 듣네.

하리 송頌

청산 만해가 높고 넓다지만
공덕과 공의만 하리

노래와 춤이 기쁘고 즐겁다 하지만
자비의 베풂과 은혜의 구원만 하리

나그네,
시절 인연이 새롭게 변한다 해도
인간의 변화무쌍한 속성만 하리

먹고 노는 것이 만족하고 풍요롭다 하지만
지혜의 말씀과 언약의 말씀만 하리.

이 모든 것
빛 가운데 일어나는 한 현상이니

그 누가 영원한 생명
있다有. 없다無 단언하리.

할 말 없다 하리

수평선에 창공을 띄워 놓고 춤을 추고
지평선에 청산을 메어 두고 노래하네
만일 누가 가무歌舞의 뜻을 묻는다면
발 밑을 볼 뿐 둘러볼 일 없다 하리.
나그네,
세상 마음에 탐진치 묻어놓고 무소유다 하고
만유萬有에 번뇌 망상 매달아 놓고 해탈이다 하네
이로써 누가 무소유와 해탈을 말하라 하면
나 지금 여기 있으니 할 말 없다 하리.

좌선坐禪

겨울빛이 좋다 하고 풍진객 되었다가
살맛 찾아 세상 사람으로 살아가네
시절 인연 따라 변하는 몸이 되었어도
삼계三界에 매임 없이 무심한 마음이네.
나그네,
몸과 마음 한 작용 없애고 눈 뜨고서도
하루의 일상 버리지 않는 고요한 마음이네
그림자를 쫓지 않으니 참되고 헛됨 없어
세상을 향해 미혹함 없는 망기객忘機客 이네.

마음눈 밝혀라

골방에서 촛불 밝히나
홀연忽然히 어둠이 밀려오니
펼쳐놓은 서책을 덮어놓고
영혼의 울림을 듣고 있네

만일 누가 닫힌 창문을 두드리면
어두운 촛불을 끄고
마음달 비추인 빈방의
십방十方을 두루 바라보라 하리

나그네,
창밖에 밝은 달 비추나
홀연히 구름에 가려지니
수려秀麗한 청산을 그리려다
님의 미소를 그리고 있네

만일 누가 내 눈을 가리면
열린 입과 귀까지 막고
큰 바위 위에 올라서서
마음눈 번쩍 밝혀라 하리.

물 한 모금 마시려다

한 갑자 다 넘도록 살아온 인생
푸른 산 계곡물이 하도 맑아 손발을 담그려다
물 한 모금 먹고 싶어 두 손 모아 떠 보니
먹기도 전에 손가락 새로 세월 따라 흘러가네.
나그네,
푸른 산 맑은 물이 좋아 찾아 나선 산행 길
가다 오다 목마름에 샘물 찾아 헤매다가
졸졸거린 샘물 반겨 한 움큼 쥐다 보면
턱밑도 닫기 전에 빈 손만 하늘 보고 있네.

자성自性

어두운 밤이라 달빛은 더욱 밝음이여
있음도 없음도 본래는 다 공空 아닌 공空이런가
나를 감추지 않음에 나 지금 찾음이니
아마도 걸림 없이 언덕길을 오르고 있음이네.
나그네,
구름이 가려도 달빛은 변함없는 밝음이여
가고 옴도 원래는 다 무無안인 무無이런가
나를 드러내지 않음에 나 지금 찾음이니
이제 자성自性의 빛으로 지팡이 따라감이네.

흔적痕迹

작은 별 외로이 새벽하늘을 지키고
찬바람은 넓은 바다에 달빛 잠재우네
고깃배 고동 소리 갈매기 떼 깨웠으나
수평선 흔들어대는 파도에 그 흔적 없네.
나그네,
별빛 머금은 동산에 여명의 빛줄기 내리고
빈 가슴은 찻잔에 사랑의 향기를 따르네
담 넘은 웃음소리 밤 고양이 쫓았으나
눈 쌓인 앞마당에 그 흔적 없네.

마음 안에

밝은 달이 녹아내리는 찻잔을 바라봄이여
존재하기에 만상이 공존함이런가
나 혼자이면서도 홀로 존재함이 아니거늘
마음 안에 우주의 삼라만상과 공존하고 있음이네.
나그네,
밝은 달을 바라보니 아무것도 볼 수 없음이여
진정 고뇌도 고통도 없고 모두가 비어 있음이런가
현상과 본질을 공空하다 하고 얻을 것도 없다 하나
생멸의 존재 안에 공존共存과 비어 있음空을 바라보네.

진실과 거짓의 미학

사실을 밝히지 않음이니 거짓이 어디 있고
거짓을 내세우지 않음이니 진실이 본래 없음이네.
밝히고 감춤에 더 보탤 것 없음이니
이제 그 누가 있다. 없다 시시비비할거나.
나그네,
밝음이 없으면 어둠이 어디 있고
사실 앞에 진실이 없으면 거짓이 어디 있겠는가
본질과 현상 속에 티끌 같은 말 법을 닦아내니
깨달음 앞에 진실과 거짓은 본래 불이不二일거나.

번뇌

달빛이 하도 밝아 붓을 잡으려 하나
세상이 내뱉은 헛기침 소리 요란하네
이 소리 저 소리 누구를 위한 누구의 소리인가
중생과 부처는 어디 가고 희고 검은빛만 있네.
나그네,
화선지를 펼쳐놓고 먹물에 붓을 적시나
마음이 착잡하여 한 점 한선을 긋지 못하네
이말 저말 사람들을 미혹게 하니
지혜로움과 어리석음은 없고 번뇌의 껍데기만 있네.

탓할 수 있으랴

내 생애에 내가 나를 몇 번이나 불렀을까
내가 나 아닌 사람은 몇 번이나 불렀을까
두 눈썹 껌벅임을 헤아릴 줄 몰랐거늘
어찌 먼데 있는 일을 모른 다 탓할 수 있으랴.
나그네,
평생 하는 일 너와 나를 분별하려 했거늘
너와 나 하는 일 또한 인과因果가 다르네
두 눈만으로 세상일을 헤아릴 수 없거늘
보이지 않은 일을 모른다 탓할 수 있으랴.

탓하지 않네

산이 좋은 사람 산이 높다 탓하지 않고
바다가 좋은 사람 바다가 넓다 탓하지 않네
살아간다는 것 힘 들어도 힘들다 탓하지 않고
인연 따라 만나는 사람 서운타 탓하지 않네.
나그네,
티 끝 같은 이 마음 모아 태산을 만들고
물 한 방울 같은 저 마음 모아 바다를 이루네
높은 산 큰 바다 허공 속에 묶는다 해도
이 마음 저 마음 산과 바다를 탓하지 않네.

입지立志

뜻 있는 곳
뜨겁고
다 이루는 곳
고요하더라.

뜻 세우는 곳
수고롭고
걸어가는 길
한결같더라.

소신所信

소슬 바람 분다고 손 내밀지 않고
바람길 모른다고 연등을 매달지 않네
가는 발길 멀다고 무작정 투덜대지 않고
오는 발길 없다고 서운함 드러내지 않네.
나그네,
밤하늘의 달 멀리 있다 버리지 않고
달빛이 어둡다고 촛불을 밝히지 않네
할 말 없다고 열린 입 다물지 않고
할 말 있다고 섣불리 주절대지 않네.

허울

산 그리려다 나무만을 그렸거늘
바위는 그려 무엇하고
바다를 그리려다 빈 배만을 그렸으니
갈매기는 그려 무엇하랴

세상살이 허공 속에
시시때때로 묶는다 해도
산 그림자 바다 깊이 내려
출렁이는 허울 같구나.

나그네,
산 내음 맡으려고
숲 속에서 바람을 붙잡고
바다 내음 맡으려고
백사장 너머 파도를 붙잡네

어제와 오늘 내일 앞에서
그 흔적 뒤적인다 해도
인생의 본래 모습을 안다는 것은
한갓 허울 뿐이네.

생명의 신비

하늘이 높고 바다가 깊은 줄은
그냥 다 안다고 하면서도
하늘과 바다에 대해선
실제로는 그냥 허울 좋은 말 뿐이네.

높다 깊다 하는 그 무엇은
우주의 무한한 생명의 신비
그 안에서 스스로를 찾는
새로운 변화의 심혼을 다스리려 하네.

나그네,
인생이 무엇이고 삶이 어떤 것인지는
아무도 다 모른다고 하면서도
인생과 삶에 대해선
누구나 다 한마디씩 내 뱉는 허풍을 떠네.

무엇과 어떤 것인가의 의미는
살아가려는 답답함을 두들기는 신문고
그 울림 속에서 스스로를 찾아
자기 몫의 삶을 지켜 가려 하네.

보름달을 살가買 하나

내 생에 모아온 것을 팔아서 보름달을 살가 하나
팔만한 것을 찾지 못하고 망설이고 있네
이것 저것 있기는 하건만 쓸 만한 것이 없으니
어느 날 모두 다 불 속에 던져버릴까 하네.
나그네,
내 인생도 소중하니 저 달인들 오죽하랴
모든 것 재물로 팔고 사려 하니 어설프구나
세상만사를 값으로 대신하는 셈법을 버리고
값 없는 이 마음으로나 바꾸어 볼거나.

누가 나에게 묻는다면

산에 가나 바다에 가나 빛은 어찌 다르리오
사람 있는 곳이면 말씀의 향기 피어나지 않겠는가
길 가다가 누가 나에게 어딜 가느냐고 묻는다면
무등無等을 덮은 흰 구름을 잡으려 간다 하리라.
나그네,
이곳이나 저곳이나 그림자는 어찌 다름이 있으리오
이 몸 서 있는 곳이면 어둠 없는 곳이 있겠는가
누가 나에게 어디에 청정수가 있느냐고 묻는다면
풀잎에서 뛰노는 메뚜기를 보아라 하리라.

자성의 묘미妙味

태산과 대양이 제아무리 높고 넓다 하나
하늘과 땅의 한 공간 안에 헤아림이네
티끌 같은 몸이나 슬 같은 인생 어찌할꼬
이 마음 셈법으로 다 말할 길 없네.
나그네,
있고 없음은 현재 '이것'으로 있음이나
알고 모름 또한 '그것'으로 남아 있네
이것과 그것은 공부심의 근원 됨이니
미혹의 뿌리를 알아차리는 자성의 묘미이네.

한 밝음 안에

보름달 홀로 둥글 다 호수를 덮고 있으나
마음 달은 더 둥글 다 하늘을 품고 있네
참 빛은 소원과 욕망을 가리지 않으니
한 밝음 안에서 탐진치를 '알아차림' 함이네.
나그네,
밝음도 어둠도 세상을 두루 덮나니
평상심平常心은 광명과 경계를 삼키고 있네
무념無念이여, 무위無爲여
한 밝음 안에 한 존재로 '깨어 있음'이네.

평상심平常心

뒤뜰 정원 고요한 밤 달빛만 내리니
고요함은 더욱 깊어 무심코 앉아있네
어쩌자고 달빛은 잠든 귀뚜라미를 깨워놓고
무슨 사연 그리 깊어 외로이 지새는가.
나그네,
평상平床에 누워 별을 헤고 달빛을 머금으니
고요하고 고요함을 이제 사 알 것 같네
이 소리 저 소리가 바람 따라 귓가를 스치나
달과 숲 사이에 누워있으니 본래의 마음을 알겠네.

그대로 가

자비여, 사랑의 본체本體여
안다고 생각한 그대로 가 무지無智이네
빛과 소리의 형상形相이여
보고 듣는다고 한 그대로 가 수행修行이네.
나그네,
살아가는 방편方便이여
있음과 없음을 생각한 그대로 가 허무함이네
오감五感의 생동生動이여
해와 달을 본 그대로 가 생멸이네.

주인 노릇

걷고 걸어온 길 생각해 보니 몇 만 리 였나
종횡무진 걸었건만 먼지만 쌓였네
세상천지에 먼지 한 톨 털어낼 곳 없으니
이 한 몸 온통 먼지투성이니 진흙소가 되었나.
나그네,
생멸이 불멸이다 떠들어 대지만
사는 동안이나 내 몫 챙기려 하네
이것저것을 다듬어 주인 노릇 하랴 치면
이 모든 것 그대로 공허함 뿐이었네.

깨달음|悟道

어제는 그믐달을 짊어지고 노래하였는데
오늘은 초승달을 손에 들고 춤을 추고 있네
그믐달과 초승달의 빛
노래하고 춤을 추는 한마음이네.
나그네,
빛이야 원래는 한 빛이나
오가는 이 하도 많고 많으니
한 틈을 냈을 뿐
지혜로움과 어리석음이 한데 어울리고 있음이네.

한마음

고깃배가 바다에서 파도 따라 노를 젖고
구름 사이 갈매기가 낮달을 물고 가네
저 바다 이 하늘에 걸림 없는 바람 같음이여
온 누리가 동서남북을 가름하지 않음이네.
나그네,
사자의 눈빛이 세상의 어둠을 밝히고
구름 사이 흰 달이 노을에 묻히네
바람 없는 열대야에 소나기가 넘쳐남이여
흔적 없이 돋아난 번뇌의 뿌리를 끊음이네.

흐름의 본성本性

산 따라 강물 따라 바다에 이르나니
굽이굽이 모두 한 점선으로 이어졌네
이 선율 따라 이 마음 펼쳐 본다면
희로애락의 인생 한점으로 남아 있을까.
나그네,
원래 텅 빈 마음 만경창파를 두둥실 떠도니
무엇 때문이지도 미처 생각지도 못하네
장마와 폭염의 전선이 서로 작용하니
흐름의 본성을 한 빛 섬광 속에서 나룻배를 보네.

하루하루

바람이 옷깃을 스쳐 간들
소음이 귓가를 맴돈들
어쩌라 탓하지 않고 귀찮아 않네.

먼지가 방안에 가득하건만
긴 잠을 깨우고 일어나니
탁함을 모르고 목마름을 모르네.

이 세상의 온갖 것에 매이지 않고
해와 달 돌고 돌아가듯
갈망과 애착을 비우고 미혹을 버리네.

나그네,
모든 번뇌의 매듭을
단칼에 끊을 힘없으니
낙숫물이 바위를 뚫듯이
한 가닥 한 가닥 풀어가려 하네.

인생이여

생사의 곡예를 연출하는 인생이여
징 소리를 울려도 아무도 못 들으니
연주하고 노래한들 그 누가 찾아오리
해와 달도 낮과 밤을 홀로 거닐고 있네.
나그네,
인생이 뭐냐고 칭얼대는 중생이여
가슴을 두드려도 아무 대답 못하니
그 누가 어느 곳에서 선지식을 찾겠는가
해탈의 향기도 한 조각 석인石人이런가.

등산길에

지팡이 짚고 배낭 메고 한가로이 오른 등산길
한 세상 살아오며 인연 속에서 입은 상처 씻네
알게 모르게 모아온 티끌 같은 짐 꾸러기
미처 알아내지 못한 잘못도 꺼내어 날리고 있네.
나그네,
풀 한 포기 돌부리 밟아가며 무심코 오른 숲길
크고 작은 나무들 숲속에서 어울려 자라고 있네
바람 불면 서로 기대어 빛줄기 붙잡는 상생의 터
구름은 푸른 꿈 싣고 와 하늘가를 유유히 흐르고 있네.

깨달음의 성품

바람에 감 떨어진다 바람 탓하지 않음이여
바람 부나 마나 떨어질 감 원래 감 없음이네
좋다 싫다 함은 진실과 거짓이 아님이여
이제껏 깨닫지 못한 것은 그 성품을 모름이네.
나그네,
어둠에 감 떨어졌다 아침이면 투덜댐이여
밤 깊어 떨어진 감 어차피 보이지 않음이네
밝고 어둠은 있음과 없음이 아님이여
이제 깨달음의 성품은 빛과 그림자이네.

그림자를 보며

달 밝은 밤 산책길에 그림자를 보니
내 모습은 흔들거린 낯선 모습이네
달은 기울어가도 그 빛은 가득하여
짚고 온 지팡이만 흐트러지지 않네.
나그네,
달 아래 스쳐 가는 이의 그림자를 보니
그 모습은 휘청거린 버들가지 같네
그대도 내 모습과 별다른 바 없으니
굽지 않은 지팡이 하나 짚고 가게나.

세상만사

이런 말 저런 말 무심코 흘러가는 말
이런 일 저런 일 눈 내리듯 쌓이는 일
사노라면 시시비비도 쌓임도 풀리는 대로.

있음도 없음도 본래 내 안에 출렁이는 것
먹고 입고 잠자는 것 본래 생존의 몸짓
살다 보면 그냥 안분지족의 그런대로.

옳고 그름은 본래 분별할 수 없는 것
선행과 악행은 본래 내 마음의 빛과 그림자
살고 있음에 분별도 명암도 다 있는 대로.

사노라면 하는 일 다 이루지 못하고
살다 보면 있고 없음에 그저 매이지 않고
세상만사 얽히고 막혀도 한 질서대로.

진리의 길 찾아

달이 하도 밝아 서재의 책을 뒤적거리다 보니
밤새워 먼지 낀 책장만 넘기고 있었네
내 필요로 하는 것 찾는다는 것이 좋았던가
책장을 넘길 때마다 불씨를 찾는 마음이었네.
나그네,
달빛 밝아 미혹함에서 깨어난 듯 가슴을 채우니
아무도 모르게 진리의 길 찾아 밤새워 헤맸네
나를 필요로 하는 대상이 있다는 것이 좋아
밤낮없이 만상을 보는 찬 마음에 불 밝히고 있네.

빈 손뼉을 치면서

초록 바람 꽃잎은 님 찾는 발길 따라 가득하고
옛 벗과 나누는 찻잔은 달지는 줄 모르는구나
흰 구름 은하수는 만법 밝히려 깊은 밤을 흐르는데
이제야 나를 따르는 찬 머리는 바윗돌을 부수고 있네.
나그네,
긋지 않는 시냇물은 님 만날 눈빛 따라 흐르고
옛 벗과 거닐 든 거리는 추억 속에 잠들어 있구나
파릇한 나뭇가지는 만향에 젖어 밤낮으로 춤을 추는데
나 이제야 그 무엇 찾을 것 없어 빈 손뼉만 치고 있네.

내 마음 있는 곳에

방안에 아무것도 보이지 않더니만
아침 빛살이 비추니 먼지가 아른거리네
먼지와 빛살 그 누가 누굴 붙잡았는지
내 작은 방안은 먼지투성이가 됨이네.
나그네,
본래 빛도 먼지도 제 할 일만 하였거늘
티끌 묻은 것만 더 내 눈 안에 드러나네
만일 두 눈을 감고 있었다면 어떠했을까
본래 있고 없음이 내 마음 있는 곳에 있음이네.

달력 앞에서

나 태어나 달력을 보고 있음을 알고부터
밀려오는 오감五感을 얼마나 찾고 싶었던가
알 수 없는 세월 따라 깊어지는 의심의 꼬리
이제 꽃 피고 지는 것을 볼 줄 아니 사라졌네.
나그네,
한 장 한 장 달력을 넘길 줄을 알고부터
해 뜨고 달뜨는 것 무심코 보지 안 했거늘
이제 별들의 고독한 몸짓을 바라본 후로는
허공 속에 꿈틀거린 긴 꼬리를 잘라 버렸네.

님 오실 때

눈이 쌓이니 가지마다 새하얀 빛이요
나뭇잎 하나 가지 끝에 머물러 있나니
눈 녹고 잎 떠나니 찬가지만 남아 있네
봄이 오는 날이면 새 손님 찾아 나서리.
나그네,
흠이 쌓이니 가슴마다 회색빛이라
참회의 눈물 가슴 속에 끓어오르니
용서받은 몸 빈 가슴으로 거듭 태어났네
님께서 오실 때 맨 먼저 등불 밝혀 마중 나서리.

마음 길

알 것 다 안다는 내 꼴 보고 나 꾸짖나니
남의 곳간의 것에 마음 두어 무슨 셈법이 있으리
이제껏 뜬구름 잡으려 허송세월 보냈으니
얄팍한 글 쪼가리 노래하는 풍진객이 되었네.
나그네,
별 하나 보고 하늘을 안다 하는 내 꼴 좀 보소
바닷가 모래를 세어 봤자 무슨 이득 있으랴
그래도 터벅거리며 눈을 뜨고 바라보니
지금껏 살아온 마음 길 헛되지 아니했네.

빈 그릇

도道를 먹고 살려 하나 그릇이 비어 있어
배고픈 빈 배를 무엇으로 채울까 하네
배부른 자 빈 그릇을 찾지 않으나
늘 빈 배로 있는 자 찾고 또 찾고 있네.
나그네,
구정물로 가득 찬 그릇 다시 씻어내어
목마른 자에게 생수로 채울까 하네
어리석은 자 빈 그릇에 무엇이든 가득 채우려 하나
지혜로운 자 빈 그릇에 새로 찾은 것도 채우려 하지 않네.

골방에 앉아

힘들고 어려우면 그저 한숨을 몰아쉬는데
말 못하고 뒤적거리는 그 마음을 보네
짧은 인생 알고 모르고는 마음눈의 탓이라
무심코 아침 햇살 받고 저녁노을 보내고 있네.
나그네,
한 물꼬를 찾지 못하고 세상살이 허둥거리다
지고 진 짐 내려놓고 찬 잔을 따르고 있네
이일 저일 내 것인 양 쌓여둔 골방에 앉아
한 촛불을 밝혀 미련 없이 태우고 있네.

내 일생은

어제와 오늘 살아온 것이 내 삶이고
그 삶이 내가 걸어온 내 길이었구나
곰곰이 생각하면 길고 질긴 강줄기 같은 길
장강長江에 빈 배 띄우고 낚시를 하였던가.
나그네,
밤낮으로 뜨고 지는 달처럼 살아온 내 삶
그냥 아는 듯 모른 듯 걸어온 길이었구나
홀로 솔바람 따라 오르는 등산길 같은 길
고산高山에 무거운 배낭 비우고 내려옴이네.

업장業障 소멸消滅

가로등 아래 연인은 낙엽을 밟고 노래 부르고
지하도 구석 노숙자 담배꽁초를 밟고 서성대네
행복하다는 것 지금 내가 행할 수 있음이고
불행하다는 것 지금 과거에 얽매여 있음이네.
나그네,
어두운 밤길에 밝은 달만 기다리지 말고
고단한 발길에 작은 등불을 밝히라 하네
지금 내가 해야 할 일을 알아차림 함은
우주 순행 따라 업장소멸 하는 소중한 순간이네.

한 생각이 환영幻影이라

열대야에 한 바람이 불어도
붙잡지 않고 놓아 버리니
걸림 없이 지나간 흐름이라
본래의 것 머무름이 없구나.

한 생각의 바람이 환영이듯이
한 생애도 가상의 현존 이러니
진리의 길이 무엇인지도 모르면서
자비를 말해 무엇하리.

나그네,
무엇을 알고 모른다
할 수도 없는 선지식을 찾으니
'나'의 몸뚱이가 중생인 듯
부처인 듯 오락가락 하구나.

한 생각이 두 손을 잡고
도道에서 벗어나지 못하니
환영 속의 번뇌 망상 불사르고
자성自性하라 하네.

자유인

맑고 밝은 가을 하늘에 달 머무름 없이 흐르니
내가 가질 수 있는 것이 무엇일까를 생각하네
원래 하늘이 텅 비어 있어 머무는 바 없음이런가
내 마음도 집착함이 없으니 가질 것이 없음인가 하네.
나그네,
한 알의 씨앗 흙 속에서 뿌리내리고 싹 틔우니
본래 씨앗이 스스로 존재한 것이 없다 함이런가
내 생각의 흐름을 그치니 한 마음 고요하여
삶 가운데 한마음 움직임이 없어 자유로워라.

다도 茶道

깊은 밤에 창밖을 보며 차 맛을 보려 하니
내 마음 마땅히 머무는 바 없음이네
내가 지금 가질 수 있는 것이 없으나
허망하지 않고 걸림 없이 찻잔을 비우네.
나그네,
밤이 텅 비어 있어 생각의 흐름이 머무니
그 안에 마음을 묶어두고 고요함을 보네
있고 없음에 얽매인 마음 차 향기로 씻으니
찻잔에 만법이 녹아 보인 바 없이 보이네.

공空아닌 공空

가을이 깊어가고 그리움이 쌓여간다 함은
씨앗에서 뿌리를 보고
아기 울음에서 엄마를 봄이요

이런저런 허상을
마음으로 본다는 것이 지혜의 빛이리니
마음과 형체가 하나 됨은 관觀의 묘용妙用이런가.

나그네,
밤 그림자에서 달을 보고
구름에서 비를 본다는 것은
없음에서 있음을 보고
있음에서 없음을 봄이요

이런저런 허상을
현상으로 본다는 것은 선심의 작용이리니
허상과 현상이 없음은
공空 아닌 공空의 묘용이런가.

내 모습 찾아

붉게 타는 저녁노을 무심코 바라보니
우주 만상의 흐름이 저리도 아름다우랴
보이지 않은 내 모습 찾아 비틀거리니
바삭거린 낙엽에 머문 취객이 되었네.
나그네,
빛도 때 따라 자취를 잠시 감추거늘
내 꼴 뭐 대단하다고 자꾸 들추려 하는가
이제껏 어설픈 글 흩뿌리며 살았으니
생명의 빛 따라가는 문객文客이 되었네.

바삭거린 인생길

단풍 입은 한 빛깔 강산을 깨우니
여명의 빛 따라 삼라만상 더욱 새롭고
바람 품은 흰 구름 하늘을 뒤흔드니
쌓여가는 낙엽 따라 인생길 바삭거리네.
나그네,
진한 가을 빛줄기 침묵을 토하니
씨앗인지 열매인지 제 모습 드러내고
농부들 오곡백과 땀 흘려 거두니
세인世人은 어찌 공덕 쌓기 망설이겠는가.

아침을 쓸면서

아침 하늘을 쓸다가 마당을 쓸고
마음 구석에 자리한 티끌도 쓸고 있네
먼 산에 걸린 먹구름도 쓸고
세상에 널린 악취도 쓸고 있네.
나그네,
쓸어 놓은 마당에 또 한 낙엽이 날리고
티끌 쓸어둔 마음에 한 공덕이 쌓이네
먹구름을 쓸고 나니 흰 구름이 흐르고
내 안의 탐진치 쓸고 나니 만향이 그윽하네.

자유로운 마음

가을밤 달 아래 홀로 시냇가를 거니니
내 마음 끝자락에 코스모스 흔들대네
달그림자를 무심코 따르다 보니
어느새 내 마음은 그림자를 지우고 있네.
나그네,
가는 발길 멈추고 시냇물을 바라보니
내 마음 깊은 곳에 물길을 내고 있네
발아래 흐르는 고요함에 취해 비틀대니
내 마음은 어느새 구름 속을 날고 있네.

깨달음의 발길

구름에 가려진 무거운 달빛이여
악마의 무리 유혹의 구덩이를 파고 있네
말씀 따라 광야를 헤쳐가나니
그림자가 어찌 길을 막을 수 있으랴.
나그네,
거짓에 가려진 뜨거운 진실이여
달콤한 말 차가운 가슴을 찌르고 있네
한 약속 따라 몸과 마음을 맡기나니
사막인들 한 깨달음의 발길 막을 수 없네.

탓하는 자 있거든

이 세상 가는 길에 본래 오염된 것 없고
티끌 묻었다고 다 더러운 것 아니니
그 누가 이 이치를 묻는 자 있다면
두 눈을 감고 아무것도 볼 수 없다 하리.
나그네,
바다에 파도가 본래 일어남이 없고
백사장에 모래알 밀려옴이 또한 없나니
만일 이 이치를 바람 탓하는 자 있거든
저 산 위에 돛단배 띄워보라 하리.

한 길 위에서

어디를 찾아가려는지 오늘도 길을 나선다
가는 일 말고 또 다른 일 없어
정처 없이 길을 나선다
흰 구름 앞서거니 뒤서거니

가는 길이 내 일이라
출발이라는 이름 아래 나섰다가
어느 시간쯤
도착이라는 이름 앞에 머물렀다
또다시 출발하니
생멸의 운행인가
윤회의 원리 이런가

출발점과 도착점
시공時空은 다른데
그 안에 나는 변함이 없구나

출발점과 도착점이 한 선으로 이어지니
그 선 위에 내가 걸어간다
오늘이라는 한 점을 찍으며
또 하나의 선을 긋고 있다
흰 구름 산새가 물어다가 숲 그림자 이루니
나그네, 그 그림자 밟고 거닐고 있다.

현자賢者의 말 따르면

살아가다 맺어진 인연 인정만으로 안 되나니
건성건성 하지 말고 사리 분별 챙겨서 하라
내 생각만 옳다 하면 남 미워할까 염려하니
현자는 행여 이를 범할까 혀끝을 조심하라 하네.
나그네,
계절 따라 만난 비구름 내 뜻대로 안 되나니
우주 순행 거역 말고 알아차림 하라 하네
내 살아가는 것만 불평하면 인생을 헛되다 할까 하니
현자의 말 따르면 마음의 응어리 풀릴 날 있으리라.

주종主從의 법 몰라

무엇이 어둠이고 무엇이 밝음인가
달이 없어 어둠고 달이 없어 밝음이네
달 지고 해 뜨는 맑고 밝은 아침 하늘
소리 없이 청산은 그 모습을 드러내네.
나그네,
누가 주인이고 누가 일꾼인가
일꾼 없는 주인이고 주인 없는 일꾼이네
광풍이 몰아치는 광야에 멈춘 발길
주종의 법 몰라 그 길을 닦고 있네.

내 탓

달빛 아래 님의 얼굴을 보고도 모르는 건
쾌락과 탐욕의 늪에 빠진 눈빛이리니
내 앞에 있으나 없으나 당신을 찾는 건
당신의 탓이 아닌 내 허망함의 탓이네.
나그네,
새 생명과 사랑의 말씀을 못 듣는 건
불목과 미움의 강을 허우적거림이리니
밝음의 빛이나 어둠의 빛이나 붙잡는 건
본래의 참 빛을 모르는 내 어리석음의 탓이네.

한 인생

어둡고 찬 밤 태풍 불고 천둥 번개 몰아치니
반딧불만 한 빛도 실오라기라도 찾으려 하네
고요한 밤 달 밝고 흰 구름 뜨락 이루니
모래알만 한 의문도 알음알이도 버리라 하네.
나그네,
세상일이 밀리고 쌓여 와도 여명의 빛 밝아 오니
내게 주어진 몫도 품삯도 다 눈 녹듯 하네
한 뉘우침의 가슴으로 참회의 눈물 이루니
비로소 걸림 없고 헛됨 없이 한 인생 보내라 하네.

그냥

어제와 오늘을 거닐던 길을 돌아보니
보일 듯 말 듯 수평선을 바라봄이네
생각하면 무심코 보고 듣고 말했건만
깊음 밤 달그림자를 밟고 있음이네.
나그네,
시절 인연 속에 헤쳐온 일 돌이켜보니
어느덧 노을빛을 물고 간 기러기 같네
다만 세월을 한 복된 말씀 안에서 보내니
그냥, 한 움큼의 시절도 탓하지 않음이네.

제 인생길

사람마다 제 인생길을 찾아간다고 하지만
그 길을 아무도 말할 수 없다 하네
하지만 말씀 따라 지혜의 등불 밝힌다지만
제 인생길은 가도 가도 안개에 싸여있네.
나그네,
시절 인연 따라 제 인생길이 바뀐다 하지만
그 시절 인연을 아무도 미리 바꿀 수 없다 하네
그래도 말씀 따라 영성의 향기 그윽하다지만
제 인생길은 찾고 찾아도 달그림자뿐이네.

3부

사계의 숨결

빛의 신비

만물이 익어감은 빛의 얼굴이요
낙엽 지고 다한 것은 생명의 얼굴이라
사시사철 오고 감이 생멸이 아니거늘
인간 생사 오고 감도 영생구원 있으리라.
나그네,
시절 따라 새움 피어남은 빛의 가슴이요
가지마다 자라남은 생명의 몸짓이라
밤과 낮의 운행이 허공의 그림자가 아니거늘
인간 만사의 행함에 생명의 빛 있으리라.

이 마음

춘향이 바람 따라온 누리에 전하건만
피고 지는 줄은 나도 마음 두지 않네.
녹향이 산 아래 내려도 한 점인 줄 알면
이 마음 가고 옴에 머물지 않으리.
나그네,
꽃비가 구름 따라 가지마다 내리건만
꽃잎 지고 새잎 나는 소리 아무도 모르네.
냇가에 물 불어 고기 떼 올라오는 줄 알면
이 마음 산 아래 내려와도 물들지 않으리.

무릇 흥취興趣 함이여

사계에 따라 새잎 나고 꽃 피고 지는 것
바람 따라 구름 흐르고 나뭇가지 흔들리는 것
이 같은 자연의 율동을 즐겨 볼 수 있다면
나룻배에서 무지의 짐 미련 없이 벗어 던짐이리.
나그네,
사계절의 경관에 무릇 흥취興趣 함이여!
있고 없음도 잘나고 못나고도 없음이니
미소 띤 얼굴에 흉검凶劍도 무디어 지고
외 나무다리에서 원수의 손목을 잡아줌이네.

계절의 향기 가득한데

별은 하늘 깊은 곳에 눈을 뜨고 누웠는데
어디선가 흘러온 구름은 하늘가를 서성이네
섬은 바다 깊은 곳에 다리를 괴고 앉았는데
무심한 갈매기는 걸림 없이 창공을 날고 있네.
나그네,
밝은 달은 깊은 밤을 타고 너울너울 춤을 춘데
말없이 달려온 바람은 나뭇잎을 성가시게 하네
단풍은 푸르른 강산에 계절의 향기로 불태운 데
탐진치를 씻으려는 자는 달빛만 태우고 있네.

청명清明 한식寒食

청명 한식이 한 날인가 두 날인가
농심과 효심이 들과 산에 흐르네

맑은 하늘의 기운이 땅에 내리니
구름과 바람도 가슴마다 머무네

녹수청산이 낮과 밤에 푸르고 맑으니
세상에 찌든 마음 미련 없이 씻어주네

오늘 새로이 받은 불로 밥을 지으니
내일은 찬밥을 먹지 않으리라

청명절에 산과 들에 꽃향기 그윽하니
인생 백 년의 효심을 구름 비로 내리네

벚꽃 아래 피어난 영혼의 향기 맑으니
먼 날 한식날에도 찾는 발길 푸르겠네.

봄의 서정

홀연히 머리카락 날리니 바람인 줄 알 것 같고
꽃잎 떨어지는 것 같았는데 열매를 보는 마음이네
아무도 모르게 찾아오고 떠나가는 바람처럼
내 삶의 일 모르는 듯 드러냄 없이 하려 하네.
나그네,
무심코 화들짝 피어난 꽃송이 앞에서 손 내밀고
내 인생의 보이지 않는 불씨를 찾아보네.
나와 함께하는 대상이 있음에 행복한 것 같고
시절 인연을 벗어나니 본래의 마음을 찾은 것 같네.

님을 품은 매화꽃

눈꽃 녹아내린 자리에 님 사랑을 듬뿍 담아
다순 숨결로 널 닮은 매화꽃을 피워내고
찬바람 남은 자리에 그 향기 한 줌 실어
싱긋한 미소로 보고픈 님의 모습을 그리고 있다.
나그네,
오랜 세월의 그루터기에 님의 흔적 소생하니
꽃샘바람 나부껴도 깊은 인연 흔들림 없고
풀빛을 품은 봄기운에 기다림이 너울대니
본래 매화꽃 속에 님을 품고 있었나 보다.

봄의 향기 하늘을 채우니

촛불을 밝힘이 참 밝음 인가
눈을 감음이 참 어둠인가
밤 깊어 달빛이 하늘 가운데 가득한데
마음은 고향의 홍매화를 건드리고 있네.
나그네,
밝음도 어둠도 봄빛에 산산이 부서져
봄의 향기 하늘을 채우니
마음의 문을 활짝 열고
가벼운 발길로 언덕길을 오르고 있네.

입춘지도 立春之道

어제는 겨울, 찬 마음이었는데
오늘은 봄, 따뜻한 마음이네.
겨울과 봄이 빛살 틈도 아닌데
사람들은 입춘이라 이르고 만복을 발원하고 있네.
나그네,
자기가 있어야 할 곳
마땅히 설 자리를 찾아
바람 끝을 잡으니
무연無緣으로 인한 새 생명의 흐름을 보네.

봄기운

살랑대는 봄기운 꿈에서도 소근 대고
꿈에서 소근 대니 햇살도 다숩다.

세상일이 모두가 꿈 이런가
꿈속에서 세상을 바라보네.

봄 자락 붙잡고 일어난 새움
땅이여, 한 생명을 품고 있구나.

나그네,
달빛 내리는 소리 잡을 수 없어도
그냥, 고요함에 서 있는 나

대지를 흔드는 고요한 소리
너를 가슴에 품고 춤을 추고 있네.

봄빛 아래서

법문을 안다 하여 참 깨달음 아니요
선업善業을 쌓았다 하여 도道의 경지에 듦도 아니네.
법문도 선업도 나를 떠나면 헛된 일
달 아래 그림자처럼 외로울 뿐이네.
나그네,
봄 햇볕 따스함에 고드름 녹아내리니
동녘 하늘 아래 새순이 돋아나고
촛불 하나 밝음으로 무엇을 찾으려 하니
끝없는 소리와 빛이 마음대로 노닐고 있네.

입춘立春

보게나, 고드름 떨어지는 소리에
동장군의 발길이 머뭇거리고
산사를 지키는 향불에
동자는 깊고 깊은 동면에서 깨어나네.
나그네여,
말다툼 놀이 그만하고 하늘과 땅의 소리 들어보게나.
눈보라에 얼어붙은 생명의 몸짓
하늘거린 님의 옷자락에
살짝 눈을 비비고 하품을 하고 있네.

입춘수立春水

찬바람 품에 안고 참새가 쫑알대니
햇살은 살금살금 툇마루에 글터 앉아
반백의 숙인 머리를 쓰다듬어 달랜다.

찬 가지는 해넘이 달빛 아래 녹아내고
눈꽃은 내린 봄빛 쪼아대고 있으니
어느새 생명순환의 단물이 샘솟는다.

움츠린 한마음 강산 내려놓고
낮음을 향한 흐름 걸림 없는 음이라
입춘수, 온정의 샘물 언 가슴을 녹아낸다.

낙화 앞에서

봄인가 하니 온 세상이 열리고
강산은 인파로 범람하네.
개화인가 했더니 낙화가 휘날리니
무상함을 달빛에 담아 내 마음에 쏟아보네.
나그네,
님의 향기를 찾아 진종일 헤맸는데
뒤뜰의 매화꽃에 달려있네.
오고 감의 발걸음 소리 이어지니
봄 향기에 몸을 씻고 한바탕 웃고 있네.

밝은 세상

봄빛에 꽃 피는 세상 밤낮이 없음이여
흰 돌이 일어나 새벽을 깨우네
민심이 천심 속으로 종을 울리나니
대명천지에 진실의 등 밝혀주네.
나그네,
꽃 피고 지는 세월 사계가 없음이여
바람이 긋지 않으니 깊은 뿌리를 내리네
저 빛이 가지 속으로 새잎을 돋우니
이제야 맺힘과 걸림 없는 호시절이네.

새벽안개 길

연분홍 진달래꽃 만발한 곳
앞선 사람 가끔 보일 듯 말 듯 해
생각에 쌓여 꽃길을 걷고 걷는다

한 번쯤 시상詩想도 하고, 명상도 하는데
향기롭게 핀 들꽃 한 송이
청순한 얼굴로 방긋방긋 웃으며 손짓하고,

봄의 뜰엔 꽃눈이 펄펄 날고
꽃잎터널 속엔 산새 한 쌍이 열애하며
꽃향기에 취해 노는, 생동감 있는 계절의 길목

그대와 손잡고 꽃길 산책하는
봄볕 속 아련한 꿈은
심중에 타오르는 작은 욕망의 불씨인가

촉촉이 젖은 봄비에 순결한 마음의 문을 활짝 열고
핑크빛 사랑 깃든 연서를 꽃잎에 그리며
종달새 지저귀는 보리밭 물결에 봄의 정취를 즐긴다.

춘산春山에 올라

꽃가지에 바람 부니 꽃잎 휘날리고
저무는 숲속엔
가지마다 비 머무는 소리 고요하네.

산마루에 올라서니 구름이 걷히고
사방을 둘러보니
골짜기에 물줄기 내어 꽃잎을 나르고 있네.

나그네,
언덕 위에 서서 지팡이 한번 치니
막힌 가슴 뚫어놓고
졸고 있는 산새 바람 따라 나라 가네.

봄빛은 반야의 향기

봄빛은 녹아내리는 반야의 빛이요,
꽃 향은 피어나는 반야의 향기이니
봄날에 한 인연을 새움도
모두가 반야의 빛과 향기이네.

나그네의 발길 따라 동행하는 봄빛이여 향기여

살아 있음은 나누는 사랑의 빛이요
인연은 풀어가는 현묘한 향기이니
삶 안에 있음과 없음을 비움도
모두가 반야의 빛이요 향기 이내.

나그네, 갈 길은 멀고 눈빛이 어두우니
지팡이 짚고 빛 따라 언덕을 오르네.
봄빛에 젖은 몸 취함도 버림도 없으니
허공을 나는 새들처럼 걸림이 없네.

홍매화紅梅花의 향기

한그루 매화가 붉은 핏발 서리어
달빛 머금고 웅성거리고 있다
면학정을 홀로 거닐며
매화가 슬피 우는 줄 모르고
영산회상靈山會上의 연꽃인 양 미소를 지어 본다.
나그네,
탐진치에 묶인 몸
홍매화의 향기로 다스려 보니
모양 없는 무주상보시無住相布施가
내가 찾는 너의 향기 안에 있구나.

매화꽃 피는 밤

달 밝은 밤 꽃샘바람 안고 뒤뜰을 거니는데
홍매화는 얼굴을 가리고 수줍어하는구나
할 말이야 서로 참아 붉은 망울로 맺어놓고
뉘 보는 이 없으니 눈물로 반겨 줄까 하네.
나그네,
달빛은 마른 가지마다 봄기운을 틔우는데
홍매화는 꽃잎 피어놓고 입 다물고 있구나
고고한 자태에 풍긴 향기 조용히 감싸놓고
깊은 밤 홀로 서서 달빛으로 씻어 볼까 하네.

무상無想

뜬구름 흘러간들 하늘빛을 가릴 수 없나니
한 생각 벗었다고 해탈할 수 있으랴.
고요한 밤 꿈틀대는 열대야에
밝은 달빛도 구름 속에 몸부림치고 있네.
나그네,
세상일 하도 말 많아
한 생각 비우고 살자 하나
이 가운데 흐르는 참뜻이 있으려나
뜰 앞의 나뭇잎 소리 듣고 있네.

맑은 날

푸른 숲 그 모습은 산마다 푸르르고
사람들의 비운 마음 가슴마다 청정하다
구름 개고 비 그친 이른 아침
그 향기 그윽하여 한줄기 참된 광명이다.
나그네,
미소의 얼굴로 기쁜 소식 보듬으니
오는 이 가는 이 모두가 벗님네라
가벼운 바람이 아침 길 재촉하니
동녘 푸른 하늘에 반야의 빛이 솟는구나.

춘분春分

세월 따라 계절도 유유히 흘러와서
만물에 물오르니
새 생명의 길 열리네

양陽이 정동正東이요
음陰이 정서正書에 있으니
푸른 구름에 비 내려 풍년을 기원하네.

나그네,
시절이 변함을
그 누가 탓할 수 있으랴
춘분의 기운이
중용의 도를 깨닫게 하네

물흐름이 만법萬法이요
새싹 돋음이 자비慈悲이니
생사해生死海를 건너
피안彼岸에 이르고 극락왕생한다 하네.

마음자리

어제저녁 열대야에 초승 달빛이 내리더니
내 마음에 여름밤이 길고도 깊었네
시냇가를 거니는 외로운 나그네
바람 소리 옷깃을 건드리니
님 생각 천 리를 오가는구나.
나그네여,
달빛 그림자 머무는 곳에 임인들 없겠는가
돌담 밑 봉숭아에 그리움을 노래하니
시절 인연 따라 속세에 머문 자리가
이생에 헤아날 수 없는 마음자리인가 하네.

목탁 소리에

산사에 울리는 깊은 밤 목탁 소리
고요를 머금고
맑고 맑은 물방울인양
빈 가슴에 떨어지니
그 흐름 모아
초승달 달빛 아래 연꽃을 피우고 있네
나그네,
그 한 소리, 그 향기로
고요의 탕 속에서 세욕을 씻고 있네.

새 생명의 빛

구름 걷힌 여름밤의 달이
살구나무 가지마다 내리니
푸른빛 열매가 익어 감을
누구와 더불어 얘기할거나.

삼라만상을 움직이는 이치가
고요한 이 찻잔에 녹아내리니
그 다향茶香, 한 모금 마시며
새 생명의 빛 끝없음을 음미吟味하고 있네.

별빛 헤아리며

헛된 꿈에 젖은 중생들이여
열대야에 제 몸 하나 이기지 못하니
그 무엇을 이겨낸다 하리
번뇌에 잠 못 듦이 삿된 망념이라.
나그네,
헛된 꿈에서 깨어난 중생이여
청정함이 평정심을 띄워 보내니
적적寂寂하고 성성惺惺한 밤하늘에
별빛 헤아리며 나를 느껴 볼 수 있구나.

그림자 일거든

하염없이 흐르는 하늘가 흰 구름
땡볕 아래 거니는 나그네 이마를 식히네
지나는 이마다 부채 하나씩 활짝 펴고
저마다 그림자를 담아 가고 있네.
나그네,
행여 마음마저 그림자 일거든
한 줌의 진리의 빛 밝혀
어둠을 안고 잠자고 있는
참 나眞我를 깨워보라 하네.

석별의 밤

여름밤의 비바람 천둥소리 한 맺힌 울림이여
분하고 억울함을 내 뱉는 탄식이네
먹구름이 하늘을 덮어 눈을 가리고 있음이여
쏟아지는 빗줄기의 저 눈물을 뉘 알리.
나그네,
고요한 밤 깊고 깊어 마음 닿지 않은 밤이여
님 떠나 보낸 헛소리를 깊이 탄식하나니
눈물이 가슴을 가려 하늘을 떠가고 있음이여
별을 찾는 이 마음을 어디에 비할 길 있으랴.

폭풍이 지난 후

잘린 나무에 새순 나는 시절 밖의 기운이여
한여름 폭풍 지나가고 한 조각 빛 흐르네.
밝은 빛 참된 말씀이 온 누리에 가득하지만
어쩌자 이 산하엔 먹구름 그림자만 흐르고 있네.
나그네,
비바람 가슴에 안고 한恨을 씻으려 하나
그 한이 어디에 숨겨 있는지 찾을 수 없네
자비여, 폭풍으로 휩쓸어간 삶의 터이지만
이 빈 가슴에 사랑으로 채워 흐르고 있네.

달빛에 녹아나니

가을 밤하늘에 텅 비어 떠가는 둥근달
그 속에 이 마음 채우니
시절 인연 속에 동행하는 인생
이만하면 삼매三昧 가운데 원만함이네.
나그네,
한주먹 움켜준 허욕의 덩어리
밝은 달빛에 녹아나니
하늘과 땅 그리고 사람 사이에서
이 마음 청정함이 연꽃 같음이네.

한 생각에

가을빛이 고요하게 내리어 무등에 가득하니
산행길에 만난 사람들 미소의 눈빛 나누네
가고 오는 길 서로 다르지만 한 생각은 같은가
이슬방울에 번뇌를 담아 흘러내리고 있네
세상 인연 따라 걸림 없는 만남이니
한 등성이에 모인 한 가족이네.
나그네,
이 좋은 가을날 아침 바람에 씻은 몸
한 생각이 삼매三昧에 들음인가
열반과 해탈이 허공의 구름 같고
고요히 달빛 머금은 연꽃 같음이네.

여름 소리 멀어지니

여름밤 깊고 깊어 별빛도 더욱 먼데
별똥별은 사라졌으나 그 운은 남았네
님인 듯 다순 빛 부드러이 흐르니
고요하고 고요함을 이렇게 그려내고 있네.
나그네,
강산에 가득한 여름 소리 멀어져가니
내 안의 뜨거움도 소리 없이 식어가네
어둠 깊어간 밤 촛불 타는 소리에
잠든 영혼을 깨워 고요함에 젖어 있네.

가을 서정

바람 앞에 나뭇잎 하나둘 떨어지니
발아래 누워있는 낙엽을 깨우고 있네
단풍잎에서 새 생명을 노래할 수 없다면
그 어찌 인생을 말할 수 있겠는가.
나그네,
진한 가을밤 방안의 촛불도 깊어가니
그 안에 앉아 초발심을 태우고 있네
어둠에서 밝음의 길을 찾을 수 없다면
내 어찌 무슨 법을 구하겠는가.

가을 산에 올라서서

가을 산은 높아 하늘을 받치고 있는데
낙엽은 붉고 붉어 물아래 끓고 있네
산행 자는 걷고 걸어 숲을 깨우고 있는데
산새는 조용하여 나뭇잎을 잠들게 하네.
나그네,
가을 하늘 높다지만 산 아래 있는데
달빛은 아무리 밝다지만 어둠 안에 있네
물이 흐르고 흘러도 낙엽을 태우고 있는데
이 한마음 고요하여 씨앗 속에 뿌리를 보네.

오색광명五色光明

가을 빛이 좋다기에 하루 종일 찾았건만
어느 곳에 깊게 깊게 감추었는지 찾을 수 없네
눈빛이 다 붉어지도록 이곳저곳 돌다 보니
창가에 매달린 석류알에 녹아내리고 있네.
나그네,
하늘빛이 좋은가 세상 인심이 좋은가
세상천지가 서로서로 자랑삼아 몸단장이네
햇살에 물물物物이 서로 아무 걸림이 없으니
내 안이 붉은 강산은 오색광명이 비추고 있네.

가을 하늘 아래서

하늘빛 밝아 산 나무 가득 천색의 빛이요
낙엽 지니 나무마다 본모습 그대로네
구름 한 점 하늘가에 졸고 있으니
바람 불어도 향기만은 남아 있으리라.
나그네,
빛 따라 만상萬象이 만색晩色이 됨이니
원래 자리에서 바라보면 허공의 빛이라
인생의 발자국 가슴마다 남아 있으니
무량의 소식 음성音聲으로 삭히면 청정하리라.

가을빛 따라

지는 가을 멀리서 바라보니 타는 듯하더니만
그 불길 잡으려 가까이 가 보니 낙엽 되어 뒹굴고 있네.
노을빛 안고 흥얼대며 산 그림자 밟고 휘청대니
세상의 부귀영화도 피었다 떨어진다 야단일세.
나그네,
가을빛 따라 이어지는 인파의 행렬
타오르는 단풍잎 아래 혼신의 불을 피우고 있네
철 따라 눈꽃, 꽃잎, 비, 그리고 단풍 내리니
나그네의 마음도 이를 따라가라 걷잡을 수 없구나.

님의 밝은 미소

낙엽은 한 잎 두 잎 바람에 날리는데
님의 생각은 아무것도 날릴 수가 없네
님께서 어디에 계시는지 알 수 없으니
맺힌 마음 그 무엇으로도 풀지 못하네.
나그네
낙엽이 다 지고 나면 한마음 달아 놓고
산새가 다시 와 즐겁게 노래하라 하려 하네
님의 밝은 미소 한마음으로 바라보며
얽힌 마음 하나하나 풀어가려 하네.

가을의 비밀

익었는지 피었는지 화려한 저 단풍들
노 화백의 화폭에 담은 절묘한 조화이루고

갈바람에 오광五光이 흔들거린 진풍경들
미소 속에 가을의 비밀을 누설하고 구나.

나그네,
속눈썹을 건드린 하늘과 땅의 바람들
너와 나의 삶에 내린 축복의 숨결 이루고

강산에 오색五色이 출렁이는 인파들
그렇게 자연의 문을 두드리고 있구나.

가을 한정閑情

오색 단풍의 환대에 끌려 숲길을 오르는데
석양빛이 서산 멀리 노을꽃을 피우고 있네

오른 발길 멈추고 단풍의 향기를 다시 찾으니
아무도 산 아래 소식을 물어보는 이 없네.

나그네,
세상사, 인생사 많기도 많지만
발길을 멈추고 가을 햇살을 즐기네

동자는 산사의 범종 소리에 합장하니
사람들은 빛과 소리에 흥취함이네.

가을 연정戀情

가을밤이 무작정 고독하다 읊나니
어쩌자고 가슴을 적시는 사연이 흐르고
촛불에 얼굴을 묻고 눈물을 흘리지만
나뭇가지 흔드는 바람처럼 알아주는 이 없구나.

홀로 가는 나그네야 뭘 그리 아쉬워하느냐.

한 주름 밤비가 산마루에 뿌리니
아름다워 애간장 태운 단풍궁이 흔들거리네
한 떨기 단풍 꽃잎 바람 없어도 날리니
어차피 우산 없어도 가야만 하는 발 길이구나.

나그네야, 어차피 가는 길 외로워 하느냐.

그래도 님을 향해 산사를 찾아 갔다가
오르는 길 바위 위에 서서
기다림을 피워낸 들국화 향기처럼
가슴 속 물든 연정을 피우려 하네.

만추晩秋의 향기

맑은 하늘과 더불어 점점 익어가는 들녘
뭐 그리 좋아
정情 나누자 손짓하는가

기다리다 적신 갈색 가슴을 젖히고 서서
새로운 약속의 눈빛 속에
이 가을의 노래를 부르네.

나그네,
낙엽 따라가고 오는 거듭남의 아름다움이여
자연으로 돌아가는 길목에
한 믿음이 머무는가

보배보다 더 귀한 말씀 시절 인연 속에 꽃 피우니
잘 익은 빛의 열매에
만추晩秋의 향기 달과 함께 그윽하네.

눈 오는 날

하염없이 내리는 거리의 눈
이 거리의 사람마다 밟고 가네.
모두 동심童心을 한 줌 쥐고 와서
저마다 백설의 향기를 바꿔 간다네.
나그네,
봄, 여름, 가을 하늘 어디에도 있지 않으니
움츠려 서성인 낮달 아래서
뒤뜰에 피운 모닥불로
세욕에 젖은 헛일 하나하나 태워 보네.

눈 내리는 경계

눈의 허공경계를 그 누가 안다 하랴
이는 원래 맑고 헤아릴 수 없어
그 이치가 하염없구나.
나그네,
찬바람 이는 하늘가에 낮달이 감돌고
깊고 깊은 구름 걷히니
그 틈을 타고 백화白花가 만발하였구나.

눈雪

순백의 눈꽃이여
너는 어찌하여 찬바람 안고 날아오느냐
세상사 이리도 좋아 하늘의 영광을 안고
기쁜 소식을 전함이요,
가슴마다 평화의 향기 안겨주려 함이요,
세상의 악행을 덮어 버리려 함이니
오직 자연의 섭리를 찬미하라 하네.
순백의 향기 온 누리에 가득한 자연의 고요한 입김
가슴을 열어 그대와 입맞춤하고
놀란 듯 취한 듯 덥석 안고 춤추고 있다네.

폭설

무작정 쏟아지듯 이 땅을 내려친 폭설이여
산천경계 처처에 서로서로 만나 뒹굴고 있네
뭐 그리 반가운 소식인 듯 덩달아 전하는 심보여
무너질 수 없는 질긴 생존의 몸부림을 알기나 하는가
나그네,
인심도 천심도 아닌 삶의 터전을 뒤덮은 폭설 구름이여
설한에 얼어붙은 마음의 창 무심한 듯 두들기고 있네
온 몸으로 밀어내는 헛소리뿐인 미약한 존재여
정녕 너와 나 가슴 모아 하얀빛 끌어 내려 녹여볼거나.

눈 내리는 밤

고요한 밤 차가운 나뭇가지 끝
뭐 그리 부족 타 눈까지 내리는가
새들의 발자국 낙엽 속에 묻히고
할 일 없는 학동學童은
열 손가락 펼쳐 눈 속을 더듬네.
나그네,
삼의일발三衣一鉢은 아니라도
소욕지족小欲知足을 방석 삼아 앉았네
하늘의 허물을 벗어내는 소리,
얼어붙은 탐진치 녹아나는 소리인가
앗!
대지에는 새 생명이 이글대는
겨울밤이 깊어 가구나.

설야雪夜에

앞마당에 참새들의 시새운 몸짓도 사라지고
골목길에 사람들의 발자국 소리도 잠이 들었네
찬바람 타고 내린 눈발 창틀에 쌓여가고
가로등은 소망의 불빛으로 긴 밤을 지키고 있네.
나그네,
세상의 시시비비는 설한雪寒에 낱낱이 얼어붙고
사람들의 염원은 목우木牛의 눈目에 젖어 들고 있네
가슴마다 얽힌 회한悔恨 마음 창에 녹아내리고
촛불은 구원의 불빛으로 탐진치貪瞋癡를 태우고 있네.

고요한 마음

흰 눈 내리는 호숫가에 잡음이 없음이여
고요한 마음 흐르니 망념이 없음이네
그 깊고 맑은 물에 바람이 잠 듦이여
침묵 속의 나를 찾으니 번뇌가 듦이네.
나그네,
고요함 속에 잡음이 없고 망념이 없음이여
거리의 뜬 소문에 마음을 주지 않음이네
높고 깊은 산하山河에 눈보라 피어남이여
잠시 머문 자리 비우니 참 모습 보임이네.

4부

산사에 피어난 법향

진공묘유眞空妙有
  – 대한민국 조계종 총본산 조계사에서

연화 향기 녹아내린 샘물이 맑기도 하네
오가는 발길마다 목마름 추기느라
퍼내고 퍼내어 마시고 마시건만
비움 없이 샘물은 가득가득 넘치네.

세상의 마음도, 나의 마음 안에도
한 작은 나눔으로 큰 기쁨 채워지니
영원히 목마르지 않은 감로수甘露水
언제나 한 말씀 안에 흐르고 있구려.

병瓶 없다 아니고 빈 병이 됨이니
비우고 비워도 또 가득해진다는 것
자유자재 하는 마음이 나타나면
아마도 이 세상이 진공묘유眞空妙有이런가.

나그네, 있음과 없음을 서로 자랑하지 않고
참과 거짓 있는 그대로 다투지 않으니
이곳이 대자대비를 밝히는 반야의 도량인가
땅에서 하늘을 나는 새 한 마리 바라봄이네.

어둠이여, 밝음이여
- 여수, 향일암에서

눈 가리는 동자여, 입 가린 동자여!
귀 막는 동자여, 영구靈龜의 정녕이여!
어둠이여, 뜬 눈이 밝은 해를 바라봄이요
밝음이여, 감은 눈이 새 희망의 빛 품음이네.
나그네,
수평선에 어둠과 밝음을 바라봄이여!
바위틈새로 옳음과 잘못을 깨달음이여!
좁은 문을 통해 시절 인연을 성찰함이니
본래 자기의 마음 아무도 모르게 함이네.

지관止觀
- 곡성, 태안사에서

나 오르고 싶은 높고 높은 태산이여
산봉우리 그 위에 하늘 있음을 모르네
보성강줄기 바라보며 상상봉이라 자랑함이여
높고 낮음을 바라보면서도 공산空山인 줄 모르네.
나그네,
나 따르고 싶은 슬기롭고 지혜로운 현자여
소경이 밤길 나서려 하니 등불 들고 가라 하네
불성佛性에 기암괴석도 잠들지 않고 깨어 있음이여
꿈 깨어 한 모습에도 매임 없이 바라봄觀이네.

진언眞言의 빛
- 구례, 사성암에서

하늘 감춘 암자 아래 어둠을 건너 새 하루가 열리니
뭇 사람은 쉼 없이 흐르는 섬진강 물에 한 시름을 띄우고
마음에 장애를 없애려 하네

지혜로운 자는 무언가에 걸림 없으므로
두려움도, 부끄러움도, 망설임도 없어
어리석은 몽상에서 벗어나
내 안의 영성으로 한 점을 볼 수 있다 하네.

나그네,
원효, 의상, 도선, 진각 고승의 빛이여
그 어디서도 볼 수 없는
반야의 향기와 해탈의 향기가 감도는
깨달음의 도량이다 하네

밝은 진언, 불멸의 진언,
그 무엇과도 비할 바 없는 진언의 빛을 따라
모든 고통을 없애주는 말씀 안에서
겉옷을 벗고 영성의 진리를 찾아가라 하네.

상락아정常樂我淨
– 불국사에서

생전의 일들과
저 언덕 너머의 일들 안에서
생멸과 변화를 찾지 아니하고
오직 나 지금 여기 "있음"을
알아차림 함이니 상常이요
아직 살아 고통 속에서도 일함을
감사하고 기쁨을 나누니 락樂이요
내 안에서 벗어나
하늘과 땅 그리고 사람을 자비의 마음으로
알아볼 줄 아는 스스로가 아我요
세상 만물을 통해 내 안에 베인 것을
맑은 물과 밝은 달빛으로
씻을 줄 아니 정淨이라.

나그네,
항상 기쁨으로 참 나를 찾아
번뇌 망상에 머물지 않으니
상락아정常樂我淨이라
바로 지금 여기가
석가모니불의 사바세계이고,
아미타불의 극락세계이며,
비로자나불의 연화장세계蓮華藏世界인가?
불국정토 오광의 빛 비추인 석단石壇 아래서
열반의 세계를 향해 합장하고 있네.

법문을 태우는 촛불
- 미항사에서

멀리 땅끝을 바라보며 산사에 오르는데
달마산 암봉을 내 마음도 병풍을 이루었구나
오르는 발길 진달래 향기에 세욕의 짐 비우는데
대숲 사이로 동백꽃과 구름꽃이 한데 어울리는구나.
나그네,
고요한 대웅전의 법향에 젖어 이 몸도 사르고
법문을 태우는 촛불에 이 몸도 타오르는구나.
소 울음소리를 듣고 백팔번뇌를 들추어 보지만
세상맛에 젖은 이 몸은 티끌 하나도 들 수 없구나.

보고 또 봄이여 觀
- 백양사에서

세상에 진실이 어디 있고 거짓이 어디 있으랴
있다, 없다 하면서도 그 누구도 찾지 못하네
이제 흰 양 떼 소리 못 들으니 본래 없음인가
보고도 보지 못함이니 시각장애인과 같음이네.
나그네, 이 뭐고
밝은 달 맑은 호수에 잠기니 달인가 그림자인가
구름에 달 가리니 아무도 달을 보지 못하네.
백암산의 향기 보지 못함이니 본래 없음인가
보지 않고도 볼 수 있음이니 진여眞如와 한가지네.

무언無言의 향기
— 대흥사에서

봄빛 바라보며 벚꽃 길을 돌아 오르는데
법향이 이는 곳에 법우들의 발길이 이어지는구나
눈길을 멈추고 초의선사의 다향에 온몸을 씻으니
대종사님들의 무언의 향기가 꽃 향보다 그윽하다
나그네,
마음 길 따라 번뇌 망상의 길을 두루 거니는데
호국불교의 혼불이 봄 꽃망울을 퍼뜨리고 있구나
흰 구름이 두륜산을 감돌고 해탈의 향기도 피어오르니
한 조각 어설픈 법문은 산사 골짜기에 흘려보낸다.

각성覺性
— 마곡사에서

봉화산에 만법萬法이 있고 만경萬經이 있어도
이 세상 사람들은 성심이 혼미하여 알려 하지 않구나.
성인이 오신지 오래되어 잊고 있는지
마법魔法이 성成하고 성법聖法은 쇠衰하여 마음뿐이네.
나그네여,
만법과 만경도 암실에 묻어둔 티끌이요
성인이 오고 감도 마음 안의 그림자던가
어서 잠 깨어 마음 다스려 눈을 바르게 뜨면
청송 아래 집 찾아 기어가는 개미 한 마리 볼 수 있으리.

혜명慧明
― 승보종찰 조계산 대승선종 송광사에서

알고 안다는 것은 일깨워 깨달음일진대
촛불 아래 비추인 한순간의 밝음을 보고

빛 아래 그림자를 밟고서 서성인 자여
진정 승보종찰의 참 빛을 보았다 하려느냐

뭘 안다고 혜명慧明 빛 보았다 하겠는가
비사리구니 밥통에 가득한 밥맛에 있는 것을.

나그네여,
살아간다는 것은 깨달음의 길을 찾아감이니
알음알이를 내세워 뭘 그리 안다 하느냐

우화각 문루에 앉아 흐르는 물소리 들으니
법문의 소리인가 혜명의 소리인가

문자 속에 파묻혀 헤맨 자여
함부로 깨달음의 길을 설명하려 하다 보면

언제 그 어둠 속에서 진리의 빛을 보려 하느냐
일생을 통해 익어갈 빛의 열매이거늘.

님 찾는 길에
– 낙산사에서

소슬바람을 보지 못하거니
어찌 님을 볼 수 있으랴만
동해에 솟아오른 태양을 품을 줄을 알 거니
님을 품을 수 있겠네.

본래 님은 있음도 없음도 아니거늘
보지 못한다 해도
의상대에 앉아 하얀 물결 바라보며
진정 모두가 하나이었구나 하네.

나그네,
지금껏 잊은 일도 없으니
어찌 님을 모른다 하랴만
해수관음상의 밝고 맑은 향기에
무설부시無說無示하였으니 님 찾을 수 있겠네.

원래 님은 가고 옴도 없거늘
진정 만나지 못한다 해도
칠층석탑을 돌며 깊이 잠든 영혼 깨워
님 찾는 길에 등불 밝히려 하네.

빈 소리
― 해인사에 와서

여명의 빛 따라 열어 본 세상
이제 와 보니 오색찬란하구나.
나뭇가지에 찾아든 새소리 듣고
홀연히 법보法寶 위에 정좌하고 있네.
나그네,
이렇고 저렇도다 내 앞에 놓인 일들
역사 속에 기대어 있는 수많은 대장경도
풀어야 할 짐을 짊어지고 있지만
아마도 원래는 하나의 빈 소리 아니었을까.

자성自性이 어디 있더냐
― 곡성. 도림사에서

한 구름 두 구름 잡으려는 듯 산을 오르는데
골짜기에 푸른빛 날리며 폭포수가 노래하는구나
산 등을 뒤덮은 안개 발길을 막는가 했더니
물 흐르는 소리에 바위 위에 앉아 눈감아 보네.
나그네,
구름과 안개가 산을 덮었다 한들 같음이 아니듯
산에서 들린 새소리와 물소리가 같지 아니하나
행여, 한 인연 있으면 이 또한 같음이 될 터
자성自性이 어디 있더냐고 자문自問하여 보네.

무한한 열락悅樂
– 미륵성지 금산사에서

해와 달, 그리고 별들의 빛을 받으며
나의 존재가 시공을 넘나들며 놓여 있으니
우주와 내가 하나 됨인가.

삶도 죽음도, 오고 감도 그 무엇도 결국 따로 없을 터
이 한 몸 세세생생世世生生 거듭하는 삶과 죽음의 덫에서
그 언제 자유로워져
그 무엇에도 걸림 없이 해탈되어
참으로 바른 삶의 길 걸어가려나.

열반涅槃이여, 미륵이여!
나 이렇게 부르건만
이 한 찰나도 경험하지 못한 몸
느낌도 없는 무한한 열락을
사바세계를 향한 불심을 밝혀야 할 것을
오직 이 세상의 흙먼지 속에서 찾으려 하는가.

어이 할거나 나그네야
넌 헛 똑똑 이었구나, 진정 바보였구나
대자대비심大慈大悲心이여, 사랑이여.
이 바보 같은 순간이 참 기쁨이 되니
기다리고 기다린 희망의 불심
내 안의 가슴으로 받아서 손으로 나누다 보면
참 미륵의 세상, 구원의 세상 이루어지려나.

진언의 빛
― 설악산 신흥사에서

설악의 정기 담아 소리가 소리를 불러
조용함과 외침과
정결함과 애증이 만나고
거룩함과 신묘함을 이루네.

어디를 가나, 무엇을 하나, 누구를 만나나
소리, 또 소리
현상의 소리를 넘어
생명의 소리 이어지고

존재와 존재의 만남으로 일체중생을 제도하고
한빛 진언으로
그 소리 모아 통일대불청동좌불상을 이루시니
그 음성 천수천안관세음보살의 신비라.

남북통일염원 담은 통일대불청동좌불상
자비의 힘으로 세계평화의 길 밝히니
자연 산천의 향기에만 취하지 말고
어서 와 자명등 법등명 自燈明 法燈明으로 함께하자 하시네.

제행무상諸行無常
― 정읍, 내장사에서

가을은 어쩌자고 단풍들게 하였을까
아무도 모르게 찾아든 빛깔
무궁무진한 보물이 단풍으로 물들고 있나니
제행무상諸行無常의 살빛인 줄 왜 몰랐을까
법문도 이렇게 타들어 가는데 뉘의 가슴이 뜨겁지 않으랴.
나그네,
시들어가는 몸짓, 녹아나는 향기에서
연화봉의 푸르름을 생각하다가
만상의 운행에서 내 가는 길을 보고
타들어 간 낙엽에서 법향의 흔적을 보면서
내 안에 것 하나하나 조용히 태우고 있네.

방하착放下著
― 광주, 무각사에서

밤거리에 차 소리 그치지 않고
노숙자 발걸음 갈 곳이 없구나
살아오며 의로운 일 하나 택했으니
세상 인연은 평화의 법향을 피우라 하네.
동자여, 수행 중에 뭘 그르쳤기에
숲속의 나무 바람 그치지 않고
둘레길 도는 발길은 바쁘기만 하구나
빛고을의 중생 잠 깨우려거든
자명등 밝혀 발밑을 보라 하네.

상책常責
— 장흥, 보림사에서

수평선에 창공을 띄워 놓고 춤을 추고
지평선에 청산을 매어두고 노래하네
만일 누가 일주문의 의미를 묻는다면
발 밑을 보며 목어木魚를 두들겨 보라 하리.
나그네,
한 생각에서 벗어나 어긋남이 없다 하고
또 한 생각에 매여 놓고 벗어나려 하네
어긋남도 벗어남도 본래 얽매임 때문이니
늘 깨어 목마르지 않은 약수를 마셔라 하리.

무욕無欲의 땅
— 무등산 규봉암에서

맑고 높은 하늘에 늘린 구름이여
두리둥실 흐르면서 얽힘이 없네
미련 없이 잠시 머문 규봉암이여
구름 같은 인생 그 누가 탓하랴.
나그네,
하늘을 우러러 걸림 없는 억새꽃 인생이여
서로 무애자재無碍自在 하여 막힘이 없네
무등에 세운 불광의 광석대여
욕심 없는 땅 찾아 비우고 비우라 하네.

미혹迷惑
- 계룡산, 갑사에서

봄 절경이 좋다 하여 황매화길 찾으니
산새는 우쭐대는 나를 보고 히죽거리네
이제껏 내 몫 모르고 허둥댔으니
진정 내 안의 절경絶景을 찾으라 하네.
나그네,
연꽃 위에 청룡의 기운이 솟는 승탑을 돌고 도니
산바람 내 꼴 보고 한바탕 술렁술렁 거리네
세상사 다 헛된 셈법의 허상이거니
만상이 좋다 함은 한 찰나의 미혹이런가.

하마비下馬碑 앞에서 · 1
- 송광사에 들려

세월의 흐름을 머금고 구겨진 모습이여
헤아릴 수 없는 인연의 발자국이 머물렀던 곳
예전엔 그 누구도 못 미치는 경계이었건만
외롭고 볼품없는 모습에 세상인심이 변했구려.
나그네,
일주문 들어서기 전에 내려놓는 마음이여
많고 많은 사연의 끈을 풀고 조아리는 곳
부처도 없고 중생도 없는 바람의 흔적이건만
가는 길마다 하마비를 세우고 걸어가고 싶구려.

하마비 앞에서 · 2
 - 선암사에서

조계산 정기서린 계곡의 염불 소리여
맑은 물은 긋지 않고 숲은 울울창창하니
가는 이 오는 이 하늘빛 우러러보고
무심코 가는 발길 머리 숙여 내려놓네.
나그네,
일주문 앞에 둔 세상과의 경계여
밝은 빛은 찬연하고 법향은 그윽하니
세욕의 짐 진 풍진객 하마비에 맡겨 놓고
세존의 오관 앞에 마음 다스리라 하네.

성불하지 않으려는가
 - 도갑사의 용추폭포에서

월출산 정기 안고 흘러내린 용추폭포여
천년 묵은 이무기 용이 되어 승천했다 자랑하네
여래좌상의 불일佛日이 녹아내린 맑은 샘물이여
오고 가는 이 한 몸을 씻고 성불하지 않으려는가.
나그네,
단풍잎 폭포 위에 띄워 놓은 시절인연이여
만색이 승화하여 낙엽 되었다 춤추고 있네
정자에 앉아 세상 꿈 깨어 부처를 보나니
어리석은 자 비로소 걸림 없이 해탈문을 나설까 하네.

참나眞我
– 동학사에서

나의 것 나에 속함이 없나니
공空이요
이런저런 일 내 앞에 있어도 모르니
무지無知함이네

이 몸은 더러워 씻으면 깨끗해지니
본래 청정淸淨함이요
말을 말로 다루려 하나 할 말이 없으니
무언無言이네

나의 일 나도 모르니
진위眞僞를 못 가림이요
어제와 오늘을 산다 한들 내일을 모르니
명命이네!

이 몸은
생로병사에 매인 자연이 뿌려놓은 생멸이니
몸과 마음을 다하여 구함이 있으니
공덕의 구원이네

자비와 사랑의 실천으로 나아감이
끝이 없으니
몸과 마음 동요하지 않고 정진精進한 삶이
참 나의 것이네.

사무량심四無量心
— 백제불교 최초도래지에서

불국정토에 씨 뿌려 가꾸고
거두어 나누는 이 간다라의 도량에
무량한 중생에게 이익되고
즐거움을 줄 오광을 비추고 있네.

서해의 물결이 고요히 흐르고
사면대불상의 법향이 타오르니
내 안에 싹튼 탐진치를 다스리고
이기利己와 이타利他를 다 함께 생각하네.

허공을 붙잡고 있는 한마음
그냥 넘겨주니 자비희사慈悲喜捨라
이에는 불성佛性이 있어 부르니
걸림 없는 사무량심四無量心이라 응답하네.

나 먼저 만나
  - 원효사에서

가을빛이 흐르는 원효사 계곡물에
나그네 마음이 씻기어 가는데
어디서 들려오는 소리 있어 눈을 돌리니
보이는 것 마다에 님의 숨결이 흐르네.
나그네여,
아직 그의 손길 잡지 못했으면
네 안에 잠자고 있는 스스로我를 먼저 만나고 나면
언제 어디에 있어도 그의 향기 내 안에 젖어오리니
세상을 바라보며 미소 지으면 님의 얼굴을 보려나.

마음 빛도 고와라
  - 불갑사에서

가을빛이 세상을 희롱하고 있는데
나그네의 발길은 도량을 걷고 있네
불갑산 계곡의 물소리 회심곡回心曲이요
상사화 꽃무릇 흔들리니 선무禪舞 일거나.
나그네,
꽃무릇 붉은빛에 취하여 누웠는데
마음 빛도 붉어져 더욱 곱구나.
법고法鼓의 소리 법향인가
만상萬像이 내 마음에 흐르니 그 뭣을 잡으랴.

감로甘露의 문
  - 화엄사에서

만나는 사람마다 오라거나 가라거나
말한 적 없었건만 붓다의 법을 따라
감로의 문으로 들어가니 열반의 동산이라
미소의 합장 나누며 즐거운 여행길에 이르네.
나그네,
천년의 화엄성지 걸으며 이것저것 물었건만
낡은 마음 먼저 버리고 새로운 마음 챙기라 하네.
그 누구도 내게 그것이 뭐냐고 묻지를 않았지만
그 마음 한 짐 지고 걸어도 목마름을 모르네.

일체
  - 방콕, 왕궁사원에서

땅이 다르니 사람 사는 모습 다르다만
이국의 붓다나 마음 안의 붓다는 다르지 않네.
어제 소의 모습과 오늘의 코끼리 모습을 보며
닫힌 마음 열고 걸림 없이 걷고 있네.
나그네,
홀연히 원래原來의 의미에 머물러 마음 챙김 하니
어제와 오늘의 일이 서로 통通하여 하나가 되네.
장엄한 에메랄드 사원의 자태 안에 대장경도 있을 터
원래 말씀이 일체 되어 합장 안에 머물러 있네.

진리의 빛
– 보리암에서

어제의 생각이 어리석어 어둠의 길 걸어왔네
진리의 빛 비추니 억겁의 어둠도 찰나에 사라지고
앞생각이 비워지고 부수어지는구나.
내가 있다고 고집하면 탐진치가 따르고
혼혼불각昏昏不覺하여 집착이 일어나고 고통과 번뇌도 따르니
이 아니 또 한 죄업을 거듭 이루어 참으로 볼품이 없구나.

아무리 알음알이가 많아도 한 실천 없으면
한 생각을 돌리지 못하고 내가 가짐이 아니니
이 또한 참으로 내 것이 아니네.
업을 녹이고 없애려면 공덕과, 선행이 으뜸이라.

마부가 말 잘 부리듯이
물에 물 흐르듯이 한마음 이루어지리니
불심 가운데 선행이 이루어지고
진리의 빛이 내 안에 자리 잡아
무명업식無明業識 부수리라.
나그네,
오르고 올라와 바라본 광활한 세상
그 안에 내가 살고 있으니 이 아니 즐거운가
어서 가 가슴 두드리며 발아래 나를 봐야겠네.
한려해상보다 더 무량한 불법의 향기로
무거운 마음 씻어내고 나도 나 잘 모르니
큰 들 쉼, 날 쉼 쉬면서 마음 챙김 하려네.

승무僧舞
− 선암사에서

하늘을 향해 땅을 향해
사람을 향해 빌고 비는 소복의 여인
세상의 희로애락을 품고
털어 버린 듯,
날려 버린 듯 나부끼는
정한情恨에 찬 선율
화려한 번뇌의 옷을 나부끼며
더 간절한 소망을 불러주는 영혼의 몸짓은
우주의 울림

두 볼에 보일 듯, 말 듯
이글이글 불타오르는 반야의 빛
차마 맞이할 수 없어,
벗어날 수 없어
부채에 실은 무언의 춤을 추는 열정은
만유의 허울을 벗어젖힌 감동
인연으로 얽힌 번뇌와 고통을 풀어헤친 선율
세상의 여인은 영원한 구원을 향해
걸림 없는 해탈의 춤을 춘다.

삼보일배三寶一拜
- 수덕사에서

덕숭산 수덕사의 일주문을 열고 들어가네
법향에 취해 한걸음에 부처에 귀의하고
또 한걸음에 가르침에 귀의하고
또 한걸음에 스님들께 귀의하니
삼보일배三步一拜로 모든 죄업 뉘우치며 걸어가네.
나그네,
덕숭총림의 이끌림에 걸림 없이 걸어가네.
한걸음에 이기심과 탐욕을 버리고
또 한걸음에 더럽혀진 진심瞋心을 버리고
또 한걸음에 치심癡心을 버리고
삼보일배三步一拜로 깨달음을 얻어 걸어가네.

나그네여, 이 모든 것은
가장 낮은 자의 마음을 모아 바치는
세상의 모든 생명을 위한 몸부림이니
해탈의 향기, 서원의 향기를 피우는
내 마음의 삼보일배三寶一拜가 아닐까.

일불승 一佛乘
- 구인사에서

소백산에 정定한 불연佛緣의 소리가 소리를 불러
고요함과 간절함과
거룩함과 청정함이 만나
밝음이 어둠을 품고 불성佛性을 깨우네.

어디를 가나, 무엇을 하나
있음을 보고 보고
울림을 듣고 또 듣다가
한 말씀으로 구원불久遠佛의 옷을 입네.

만남과 만남으로 쌓인 먼지
연담에서 씻어내고
한빛으로 제 몸 따라 맺은 연화蓮華
관음觀音이 하나 되어 무량한 향기 피우네.

진언의 빛으로 남북통일염원 밝히고
자비의 힘으로 세계평화의 길 닦아
대불심大佛心으로 일체중생을 제도하고
염불 소리 그침이 없는 불국정토를 이루네.

일주문 향한 자등명법등명自燈明法燈明으로
고부랑길 오르는 저 동자의 발걸음도
장곡장수長谷長水의 청정한 흐름도
버리고 간 발길 일불승 一佛乘으로 이끄네.

내 안의 나
- 원효사에서

하늘과 땅의
밝고 어둠을 보다가
은백의 비단 자락으로 휘감은
무등산을 봅니다

하얀 바람꽃에 취한
원효사의 자태를 보다가
곱기도 고운 눈보라 정경 앞에서
궂은비 내리는 언짢음을 봅니다

대웅전의 부처와
뜰 위의 나를 보다가
밝음과 어둠에서 떨고 있는
세상을 봅니다

무심코 감은 눈앞에서
삶의 굴레를 벗은 범종의 소리를 듣다가
밝음과 어둠이 보이지 않아
하늘과 땅 그리고 내 안의 나를 봅니다.

조화의 빛, 반야의 빛
  - 석굴암에서

동해의 수평선 따라 피어오는 붉은 태양
우주 만상의 흐름이 저리도 아름다우랴
보이지 않은 내 모습 찾아 비틀거리며
여래좌상의 시선 따라 반야의 빛을 바라보네.
나그네,
빛도 때 따라 자취를 잠시 감추거늘
내 꼴 뭐 대단하다고 자꾸 들추려 하는가
들리는 듯 보이는 듯 피어오른 법향의 흐름
조화의 빛으로 빚은 법상 바라보며 나를 깨우네.

정관靜觀
  - 황룡사지에서

사계의 빛이 다르다 하나 한 빛이요
법문의 설법이 다르다 하나 한 법문이니
한 빛과 한 법문을 그 누가 다르다 하겠는가
회오리바람 타고 황룡이 오르니 불국정토라 하네.
나그네,
다름이 다름이 아니고 옮음이 옮음이 아니거늘
다르다 옳다 시시비비를 논하지 않으려네
노을 진 하늘 아래 정관靜觀의 시선이 머무니
거대한 천기가 가득하여 법향이 만공을 이루네.

경계境界
- 분황사에서

님의 모습 보려 하니 눈망울이 흐리고
님의 말씀 들으려 하니 이명이 울리네
모전석탑 아래 마음 달래며 님의 모습 그리고
청보리 향기에 분별한 마음 접고서 님의 말씀 듣네.
나그네,
님의 모습 햇살 아래 눈이 부시고
님의 말씀 화엄의 꽃으로 피어나네
님의 모습이나 말씀은 무량의 불성
비 그치고 날 개이니
청량한 천기와 감로수 흐르는 소리만 들리네.

붉은 법문法文
- 선운사에서

선운사에 가을이 깊어가니 인파가 출렁이고
앞마당 감나무에는 황금빛 법문이 익어가네.
단풍은 도솔천에 누워 요염한 자태를 뽐내니
가는 사람 오는 사람의 눈길을 붙들고 있네.
나그네,
동자승의 독경 소리에 동백은 더욱 푸르고
산골짝마다 타오른 단풍은 붉은 법문인가 하네.
낙엽을 밟으며 지난날을 생각해 보니
빛 따라 소리 따라 걷는 내 삶이었네.

방하착放下著의 마음으로
- 강천사에서

깊은 계곡 돌계단을 내려오며 헛발 디뎌 구르니
멈출 수도 잡을 것도 없어 생과 사의 찰나이네
한 생각 스치니 미련 없이 모든 것 버리라 하여
하심下心으로 몸과 마음을 놓아 버렸네.
나그네,
얼마 후에 멈추니 하늘이 보이고 산이 보인데
지나는 사람 황당한 듯 119를 부를까 허둥대네.
신발의 먼지를 터니 몸도 마음도 가벼우니
방하착放下著의 마음으로 모든 것 다 비웠음일까.

갈 길은 먼데
- 약사암, 운림정雲林亭에서

걸음 따라 지팡이 따라 산길을 오르는데
길섶에 새잎 나고 꽃들이 웃고 있네
숲길은 깊고 깊어 갈 길은 먼데
산새는 법문을 나르며 찬미 노래하고 있네.
진경은 무자경無刺經이라
흰 구름은 큰 바위 봉우리石峯에 걸터앉아 있네
갈 길은 먼데 세상일에 얽매여 두리번거리니
청풍은 나를 향해 가슴 열라 할喝 하네.

이 뭣고
- 백양사에서

세상을
"이 뭣고" 하니
한 문門 인가하네

이 문이 다 서원의 문이요
지혜의 문이요
구원의 문이라

나그네,
이 모든 것
또한 해탈이요
열반의 문이니
무문無門도 되더이다.

한 울림
- 선운사에서

한 소리가 울린다
우주의 흐름이 소리 안에 가득하다
고요를 찾는 발부등일까

변화된 생生을 찾기 위하여
존재의 신비를 찾기 위하여
몸과 마음이 흔들린다.

도솔산에 울려 퍼지는 한 진동 속에
운무雲霧의 침묵을 느낀다
우주의 그림자일까

송악의 푸르름과 꽃무릇
동백나무숲과 바위가 탓함 없이
서로의 한 자리를 내어주고 있다.

나그네,
그 숲과 나무와 바위 틈새에서
깊은 한숨 마시며 내쉬고 있다.

한마음 비우고 내어주는 몸짓일까
불광佛光의 씨앗을 뿌리는 움직임,
한 생명의 영혼을 가꾸는 반야의 울림이네.

물아일체 物我一體
- 내소사에서

이 한 계절에 산사에 들러
숲속에 앉았으니 나무가 되고
계곡물에 발을 담그니 물이 되네.

구름이 걷히고 빛살이 비추니
나무와 물이 절로 하나가 되고
나 또한 더불어 하나가 되네.

나그네,
전나무 숲길 따라 가슴을 열고
천년의 소원을 품은 느티나무에 눈길 멈추네.

연꽃 향기와 대웅보전의 법향이
내 안에 하나 되어 간도니
번뇌 망상이 사라지고 본성을 드러냄일까.

여여如如
- 고란사에서

낙화암에 휘날리는 충절을 아는지 모르는지
백마강은 유유히 흐르는데

오르고 오른 가파른 숲길 따라
땅 위로 꿈틀거린 나무뿌리가 눈길을 이끄니

가던 발길 잠시 멈추고
내 안의 나를 찾아 내 발밑을 보네.

약수터에 흐르는 물 한 모금 마시니
세욕을 씻어준 감로수인가 산새가 끼웃대니

산 그림자가 손짓하는구나.
저녁놀이 익어가니 오고 감도 없는 나그네

고란초 향기인가, 고란사의 법향인가
고즈넉한 천년고찰의 향기 그냥 삼키고 있네.

부처의 자화상
― 마이산 탑사에서

번뇌煩惱가 무엇이며 열반涅槃이 무엇인가
신령神靈한 영지靈知를 찾아 나선 해방감
법락法樂이 상락아정常樂我淨의
순일純一한 마음이네.
나그네,
무엇이 두렵고 무엇이 걱정인가
걱정도 두려움도 모두가 공허空虛한데
여여如如한 부처는 마이산을 품고 앉아
만상萬象을 보이고 있네.

불광佛光 아래서
― 무등산 증심사에서

무등산이 푸르듯 나도 푸르고
계곡이 깊듯 내 마음도 깊고 싶네.

꽃이 붉듯 나도 붉고
물이 맑듯 나도 맑아지고 싶네.

꽃잎 아래 꽃 그림자 지듯
불광佛光 아래 나의 그림자 지고 싶네.

일화一花의 세상
- 천봉산 대원사에서

물소리 새소리에 꽃이 피어나니
꽃 향 따라 벌 나비 찾아드네.

천봉산 법향 따라 중생이 찾아드는데
그 누가 왜냐고 묻겠는가.

어머니, 아버지의 지장보살의 석불
세상의 죄업과 한恨 다 품어주시네.

이 모든 것 진리의 빛이라
생명의 빛 품고 있구려.

자비와 평화를 공양구로 삼아
이 세상 일화一花 되어 살아볼거나.

입마다 법향이라
- 상왕산 개심사象王山 開心寺에서

왕벚꽃이여, 청벚꽃이여!
너는 나의 밖의 것이냐
내 안의 것이냐
한마음 비우고 나니
그저,
법향으로 젖어 무릉도원이 되었네.

나그네여,
눈을 뜨고 바라보면 늘 푸르고 밝음이요
귀를 열고 들으면 청정하고 고요함이요
입을 열고 말하면 법문이 무량함이니
입마다 법향法香 그윽함이라네.

나그네 가는 길
기암괴석에 벚꽃 향기 어울려 선경이라
연못 위 외나무다리 건너
피안의 세계에 해탈문이 열리니
바람 소리, 물소리 이어지고
축원의 기운 가득하여
상왕산 정기 받은 천연사지
하얀 빛살 열린 마음에 밝고도 길구나.

내 안에 내린 불법의 뿌리
- 팔공산 동화사에서

팔공산 오르니 오광 오색의 법상이 만상을 밝히고
골짜기의 단풍이 타오르는 듯 가슴을 달구고 있네.

안개가 걷히니 산봉우리의 흰 구름 총림에 머물고
숲 향기 물소리 새소리는 불법을 하듯 노래하고 있네.

오르고 오른 층층계단 극락왕생의 문에 오르는 길이런가
통일 약사여래대불 가슴마다의 서원을 밝혀 주고 있네.

수행도량 내려오니 비탈길의 노송 더욱 푸르르고
법향 머금은 흰 나비 벗이 되어 발길을 따라오고 있네.

총림의 향기가 진언의 빛이런가 해탈의 향기이런가
발길에 채인 뿌리는 법화경 되어 내 안에 더욱 깊이 내렸네.

무각연등 無覺然燈
- 부처님 오신 날에

산사의 뜰 거닐대니 밤기운이 서성인 데
법당의 연등마다 서원의 빛 타오르네
난타 여인 동광여래 광명천지 밝히듯이
없다 있다 핑계 대지 않고 마음 빛 갚으면
이 한 몸 무각연등 되어 불성 한다 하네.

이것을 보다 저것을 보고
  - 원효사에서

하늘과 땅에 드리운
밝고 어둠을 보다가
서석대, 입석대와 눈 맞춤을 하고
은백의 비단 자락으로 휘감은 무등산을 봅니다.

하얀 바람꽃에 취한
원효사의 자태를 보다가
곱기도 고운 눈보라 정경 앞에서
바람 끝을 품고 가는 흰 구름을 봅니다.

대웅전의 부처와
뜰 위의 나를 보다가
밝음과 어둠에서 떨고 있는 나그네의 입술에서
참됨과 거짓의 세상을 봅니다.

무심코 감은 눈앞에서
삶의 굴레를 벗은 범종의 소리를 듣다가
번뇌와 해탈의 그림자를 밟고서
하늘과 땅 그리고 내 안의 나를 찾습니다.

옷을 벗네
― 대한불교총본산 조계사에서

비 오고 그침이여, 강물 불어나는 소리
구름 거친 푸른 하늘 무엇으로 가릴 건가
하늘의 뜻과 사람의 뜻은 내 마음 작용하니
가고 오는 인연은 걸쳐 입은 옷이네 그려.
나그네,
뿌리 내림은 잎을 틔움이요 꽃 피움은 열매 맺음이니
대웅전 앞에 연꽃 피움은 법향으로 성불함이네
유한한 인생이여, 하늘을 향해 손가락질 하는가
한 스승을 만나니 걸쳐 입은 옷을 벗네그려.

님의 말씀 더듬거리며
― 화순, 쌍봉사에서

산사에 쌓인 법문은 보이지 않고
저녁놀 숲속에 종소리만 울려 퍼지네
세상 말에 취해 님의 말씀 더듬거리며
달빛 따라 철감선사탑을 홀로 돌고 있네.
나그네,
오직 깨침의 울림 가슴에 안고
조약돌 탑을 쌓는 한 믿음의 행동으로
유혹의 길 기웃거리지 않고
마음밭 고향길 찾아갈까 하네.

5부

세상아 사람아

마음 열고 보라

세상에 한 일이 일어났는데
누구는 내 말을 따르라 하고
또 누구는 내 말을 따르라 하니
세상은 너희가 판단하지 말라 하네.
나그네,
구름 사이로 밝은 달 비추는데
누구는 구름만 보고 누구는 달만 보네
있는 대로 밝은 것을 알고자 하니
본래의 정취 찬 가슴 속에 솟아오르고 있네.

푸념

내 세상의 분분한 소리에 마음 두지 않았으나
웬 비바람에 나뭇가지가 꺾이고 잎이 떨어지니
또 한 폭풍이 불어오면 뿌리째 뽑힐까 하여
밤낮없이 시시비비를 따져 적어 보았네.
나그네,
세상의 소리에서 참과 거짓을 찾는 것이
바닷가 모래알을 헤아리는 헛꿈인 것을
내 입은 시절 인연을 벗어던지고서야
시시콜콜한 글 쪼가리의 푸념임을 알았네.

이것과 저것은

어두운 밤에 비 내리는 소리는
천둥·번개 치는 소리를 품음이요
달빛을 가리고 스치는 바람 소리는
구름 흐르는 소리를 전함이네.

간밤에 내린 어둠의 빛은
하늘과 땅의 본래의 모습을 품음이요
청산에 비추인 밝은 빛은
하늘과 땅의 무량한 그림자를 드러냄이네.

나그네,
진실과 거짓을 외치는 소리는
세상을 울리는 징 소리요
옳고 그름을 가리는 소리는
따름과 버림의 북소리이네.

고난과 박해에 시달린 소리는
세상의 벽을 넘는 몸부림이요
사랑과 정의 실현의 소리는
평화의 길을 여는 생명의 빛이네.

순리順理

큰 그릇에 가득한 물 작은 그릇을 넘치고
산골짜기의 흐른 물 산 아래로 흐름을
삼척동자도 다 아는 세상의 이치건만
어쩌자 요즘 인심 이를 탓하는 이 많구나.
나그네,
새잎보다 꽃이 먼저 피었다고
꽃보다 새잎이 먼저 돋았다고
이 모든 것 내일이면 다 지는 것을
어쩌자 이를 탓하려 핏대 질을 하는가.

아마도
세상의 눈과 입의 순리를 뒤집어쓰고
서로 먼저 잘났다 허세虛勢만을 드러내니
바지와 윗옷을 바꿔 입는 광대 몰골로
본래의 것을 잊고 무슨 핑계만을 앞세우고 있구나.

헛됨과 참됨

햇살 앞에 안개와 이슬빛 사라지고
구름 아래 바람과 그림자가 어른거린다
민심 앞에 등불과 지팡이가 사라지고
만법 아래 거짓과 진실이 물거품이 되었네.
나그네,
하늘 아래 빛과 그림자가 끝남이 없고
땅 위에 헛됨과 참됨이 동행을 하네
정의 앞에 창과 방패가 사라지고
진리 아래 헛됨과 참됨을 불사르네.

영산강 변을 거닐며

영산강 변을 휘돌아 풍영정에 홀로 오르니
세상 소리에 지친 소나무에 실바람이 쉬고 있다
이 일 저 일로 고단한 몸은 무얼 하며 쉬어 볼까
저녁놀 피어나는 하늘가에 한 그리움을 띄운다.
나그네,
달빛 내리는 영산강 변을 무심코 거닐다 보니
낚시꾼이 던져놓은 낚싯줄 갈대숲에 걸려있다
내 하루 일도 나 모르게 어디에 걸려 있는가
백운白雲이 감도는 강가에서 공空 시름을 낚는다.

면학정勉學亭에 앉아

뒤뜰에 나무와 푸성귀와 꽃들을 심어
작은 정자를 마련했나니 면학정이라
도심의 아파트 아래 한길을 내어
오가는 문객을 가리지 않네.

꽃과 잎은 피었다 지고
흰 구름 바람 따라 머물다 가나니
시 한 수 읊다 보면 흘러가는 세월
시인의 넉넉한 마음 이만하면 만족하리.

나그네,
마음과 마음으로 영혼을 노래하다 보면
한 사발 막걸리에 과일과 푸성귀뿐
인생이여, 시인이여!
가고 옴은 인연의 순리이거니

생멸의 무상함을 그 뉘가 말하랴
그대는 달과 별
그리고 바람까지도 안주 삼나니
이 한밤을 지새워도 흥취는 그지없네.

시시비비是是非非

잘살고 못살고 알고 모르고를 떠나니
동네 인심 순박함이여, 속닥거림이 없네
세상이 징 소리 북소리를 가리려 하지 으니
꽃이 피고 진들 그 누가 찾아오지 않으리.
나그네,
화려함도 누추함도 다 마음 보기이니
내 마음의 거울 한 티끌도 닦아냄이네
인생이 뭐냐고 시시비비를 가릴 수 없으니
이 소리 저 소리의 울림을 탓하지 않네.

입술에 피어난 헛말

세상의 말 모아 한 줌 쥐어 들고
잠용이 꿈틀대는 폭포 속에 귀를 대어보네.
그 누가 뭣 하느냐 묻는다면
입술에 피어난 헛말을 모을 뿐이라고 하려네.
나그네,
민심에 뿌리내리지 못하고 떠도는 말
바람에 나부끼는 가로수의 소리 같아
말 있으나 말 들으나 변함이 없으니
한사코 제 스스로 혀끝을 달래라 하네.

살다 보니

내 안다고 하는 것이 얼마나 되랴
특별히 알아야 할 것이 무엇인지도 모르지만
살다 보니 헛됨인 줄 알면서도
이런저런 일에 마음이 머무는구나.

나그네,
원래 따로 마음 나눌 일도,
사람도 없어
나뭇잎 떨어지는 소리에
무심코 눈짓만 하네.

그래도 세상 인정이 좋아
그냥 떠오른 사람의 이름을 부르니
흰 구름은 푸른 산 위에 서성이고
낮달은 정수리에 앉아 등불이 되어주네.

여생 길

날 좋은 봄날 신용카드 한 장 들고
근심 걱정 털어보자 세상 주유周遊 떠나네
빛 따라 소리 따라 발길은 고단하나
만향에 젖어 여유로운 눈길 따라가네.
나그네,
어제의 말과 오늘의 생각은 달라도
세상을 따라가는 눈은 한가지라
사람 따라 일 따라 인연은 이어지나
만법을 찾아 하염없는 여생餘生길 열어가네.

흐름

자연의 힘 흐름이 변화무쌍하니
인생 만사 꿈같은 환영 지울 수 없네
흰 구름 나는 듯 물안개 피어나니
연담에 뿌리 내린 새싹 햇살을 품네.
나그네,
역사의 강 흐름이 민심 따라 변했으니
세상 처처에 쇄신과 바로 세움이 그칠 줄 모르네
찬 눈 녹아나듯 양심의 소리 출렁이니
진실의 밭에 뿌린 씨 진리의 열매 맺네.

아직도 할 일 남아

하늘 아래 푸르름은 숲마다 더욱 짙고
안개는 산 능선을 넘인 듯 품고 도네
포근한 강물 위에 휘영청 달 밝으니
몸 씻는 달그림자 선녀인 듯 춤을 추고 있네.
나그네,
강산에 바람 불어 푸르른 물결인데
달빛은 잠이 들고 이 몸 홀로 앉아있네
아직도 할 일 남아 서책을 펼쳐놓고
늦 사귄 문객의 시를 한가로이 읊고 있네.

소리 모아

고요한 밤 외로운 가로등 아래 몸을 맡기며
그림자를 밟고 하염없이 거니는 발길
별빛 내리는 소리에 고향 생각이 스쳐 가고
도심의 소음 소리에 가로수마다 낙엽 지는구나.
나그네,
이 소리 저 소리 세상의 울부짖음인가
막힌 마음 얽힌 마음 한올 한올 풀려 하니
이 차가움의 소리 모아 빈 가슴에 안고
저 언덕길에 자등명 밝히고 쉬엄쉬엄 오르네.

인연의 힘

깊어간 가을밤에 달빛이 호수에 비치니
찬 가슴에 밀려오는 그리움을 누구와 나누랴
흘러가는 시절 인연에 마음 메이지 않으니
인연의 힘이 무엇인지 참구參究할 게 없구려.
나그네,
서늘한 바람에 나뭇잎이 발아래 떨어지니
세상만사 쉼 없이 가고 옴을 누구를 탓하랴
만연蔓延하는 세상 것에 마음 두지 않으니
세상 이치 분명하여 산과 물만 바라보네.

허상虛像을 쫓다 보면

바닷가 모래사장에 뭇 사람들의 발자국이여
파도가 밀려오면 사라질 흔적들이건만
남녀노소 그 허상이 뭐 그리 대단하다고
뙤약볕 온몸에 발라가며 수평선을 흔들고 있네.
나그네,
바닷물인가 모래인가 파도인가 발자국인가
머뭇머뭇하다 보니 발목이 물속에 있네
내 발자국 네 발자국 찾아서 뭐하랴만
행여 허상을 쫓다 보면 헛발 디딜까 하네.

정가政街의 봄

봄빛 강가에 민심이 어울려 낚싯줄 드리우고
월척을 낚으려 야단법석이나 물결만 일렁이네

낚싯줄 더 길게 드리우고 입질을 기다리니
꽃샘바람 불어와 강물도 일파만파 출렁이네

봄빛에 들뜬 가슴마다 새 옷 갈아입으려 하니
가게마다 문전성시門前成市하나 맞는 옷 찾기 어렵네.

세상의 말들

어쩌자고 이렇게 좋은 말이 넘친 세상에
사람마다 혀가 짧고 목소리가 작아 힘들구나
헛말이 참말의 탈을 쓰고 광대놀이를 하는가
거짓과 진실이 앞서거니 뒤서거니 억측만 난무하네.
나그네,
아아, 말로서 말 많은 세상의 무리
서로서로 한쪽으로 몰아붙이니 힘들구나
단도직입적으로 달콤한 말만 옳다고 토로하나니
세상의 말들은 혀끝에 찢기어 험담만 남아도네.

하늘을 우러러

하늘은 내 살아가는 모습 보고 눈물짓나니
진실이냐 거짓이냐 따져봤자 무슨 소용 있으랴
너나없이 그 모양 그 꼴로 어울려 살아가니
세상을 살아간다는 것이 한갓 풍진객이네.
나그네,
달밤이나 한낮이나 어둡기는 매 마찬가지이니
지혜로운 자나 어리석은 자나 내게 별 볼 일 없구나
그 누가 너는 무엇 하는 꼴로 살았느냐 물으면
하늘을 우러러 고개 숙이는 풍진객이 되었다 하리.

바른말이나 헛말이나

의로운 자가 세상을 보고 바른말을 외침이니
내 가는 길에 밝음을 비추는 등불이 됨이네
어리석은 자가 세상을 보고 헛말을 외침이니
내 가는 길에 또한 밝음을 비추는 일이 됨이네.
나그네,
현자는 내 모습 보고 미혹 타 할 것이나
몽환夢幻 같은 바른말이나 헛말이나 가리지 않네
밝고 어둠은 내 마음길에 비춘 공허한 것이니
시절 인연 따라 하염없이 지껄인 참새가 되었네.

마음 길

진실의 말 잘못 듣고 거짓 진술 앞세우니
세상 말에 범벅이 되어 그것을 분별 못 하네
사건마다 안타까우나 그 실마리 풀길 없으니
민초들은 훤히 보고도 그 입김이 미칠 길 없네.
나그네,
거짓의 말 잘못 듣고 진실을 외면하니
세상의 거리 얼어붙어 언제 녹을까 하네
이일 저일 가릴 것 없이 말만 무성하니
누구나 다 안다고 하나 마음길이 막혀 있네.

민초民草의 마음

햇살 아래 눈보라도 찬바람도 고개 숙이니
강산은 절로 절로 새 생명의 법을 부르고 있구나
빙판이 된 언덕길 오르는 소牛 수레 멈칫거리니
보리밭 밟는 농부는 소고삐 잘 잡으라 하네.
나그네,
바람 앞에 나뭇가지도 호숫물도 고개 저으니
인심은 서로서로 새 민심을 외치고 있구나
열린 세상에 길 펼치는 진실이 밝아 오니
평안의 세상을 꿈꾸는 민초는 푸른빛을 보네.

민심은 어데 두고

세상 민심 출렁거려 무슨 배를 띄울 고
사공도 닻도 없는 빈 배만 무성하네
세상은 어리석고 무분별한 헛말만 뱉어 놓고
뒷짐 지고 새 쫓는 주인 노릇 하고 있네.
나그네,
어느 이른 아침 까치의 기쁜 소식 전해올 고
봄기운 파릇한데 찬바람은 문풍지를 울리네
구름은 지나가고 비 없는 무지개만 띄워 놓고
먼 산 넘어 고향 찾는 철새 노릇 하고 있네.

서로를 읽으며 살려 하네

하늘 맑은 대낮 대로를 반듯하게 걷는데
삶에 지친 몸과 마음은 힘겨워 비틀거리네
아무도 그 발걸음 탓하는 이 없건만
마음이 자꾸 그 발걸음 따라 흔들거리네.
나그네,
밝고 넓은 세상에 헛되지 않게 살아가려는데
남의 눈치에 쫓긴 마음은 민망하여 서성거리네
아무도 고단한 삶 드러내지 않으려 하건만
빚진 삶 가슴에 안고 서로를 읽으며 살려 하네.

세상 이름, 국민

우주 만상에 모르면 몰라도 다 그 존재 명이 있기 마련
사람 사는 세상 또한 그 나름의 이름이 있다네

살다 보면 자기 이름 불러주기를 좋아하는가 하면
그 누구는 자기 이름 부르는 것을 싫어하기도 하네

어떤 사람이 자기 이름을 물으면 대답하겠지만
어떤 사람이 자기 이름을 함부로 쓰는 것은 싫어한다네

어떤 사람 어떤 무리는 세상 이름을 자주 불러 쓰지만
세상 속 세상 이름은 아랑곳하지 않고 하늘만 보고 있네

세상 이름을 자기만의 이름인 듯 서로서로 앞세워 부르지만
정작 세상 이름은 내 편 네 편 갈라 함부로 부르지 말라 하네

나 같으면 세상 이름을 함부로 부르지 않겠지만
그대들의 마음 내 마음 같지 않아 큰소리만 치고 있네

밝은 달은 구름을 넘어 새벽하늘을 향해 흘러가고
창밖 새소리는 세상의 소리를 깨워 이끌어가고 있네

언제쯤 그대들 중에 바른 눈 밝혀 민심을 바로 알아
대명천지에 내 이름을 제대로 불러 그 대답 들으려나.

탓하지 않네

가을빛 고와 온 강산이 오색 단풍 드니
오는 이 가는 이 마음 열고 가슴에 담네

어쩌자고 갈바람은 고운 단풍잎 흔들어대건만
낙엽은 한 시절 다하지 못함을 탓하지 않네

진실과 거짓으로 얼룩진 세상 놀이마당에서
큰 뜻 세운 인걸人傑은 세상 탓 않고 그 뜻 펼치네.

심야深夜의 숨결

깊은 밤 방안은 어둠으로 가득하고
말 많은 세상은 시시비비로 가득한데
어둠이 깊은 밤 촛불 하나에 밝아지니
시시비비로 가득 찬 세상 정언正言으로 풀리려나.
나그네,
맑은 하늘은 구름으로 가려있고
할 일 많은 인생살이는 번뇌에 쌓였는데
구름에 가린 하늘 빛줄기 내리면 맑아지니
번뇌에 쌓인 인생 심야의 숨결로 털어내려나.

이 한 세상에서

이곳저곳에 가뭄의 시름 쌓여가고
여기저기에 미세먼지의 공포 가득하네

자연 앞에 손을 못 쓴 나약한 인간
만유 영장 이라지만 또한 그러하네.

말씀이여,
하늘은 높고 뜨거워 땅은 메마르고
한 재앙 앞에 인간의 생활은 묶여있으니

천지창조의 한 말씀의 힘입게 하시고
인간사 그 가운데에서 손질하게 하소서.

나그네여,
만사 생멸이 그 한 말씀 안에 있으니
한순간 그 말씀 잊었다 가슴만 치지 말고

행여 소 없어 땅 갈지 못한다. 탓 말고
흠 없는 땅에 손 모아 씨 뿌리게 하소서.

가뭄 탄 농심農心

무더위에 먹구름은 빈 하늘에 가득한데
메마른 들녘은 농심에 타들어 가고 있네
넘실대는 댐들도 그 바닥을 들어내고
위정자들도 발바닥 달으라 농심을 따르네.
나그네,
언제까지 애타게 하늘만 쳐다 봐야 하나
누구를 탓함도 아무 쓸모 없는 헛소리이네
옛 선조들의 소박한 대동의 힘 모아다가
밤낮 땅 샘 파고 물고 내어 가뭄을 이겨내세.

무언無言의 그리움

어제라는 달빛이
새벽 창에 머뭇거리니
오늘이라는 햇살이
눈目 가운데 머무네.

한 겨울밤 고요함이
머리맡에 깊었는가 했더니
별빛 따라 그리움 내어주니
할 말을 잊고 있네.

인복人福

세상의 일 주물럭거리고 다스릴 줄 아는 사람
열복熱福을 받음이요
청산이 좋아 청산에 묻혀 즐기고 벗하는 사람
청복淸福을 받음이네.

세상의 일 하려 해도 찾지 못하고
일 못 하는 사람 냉복冷福을 받음이요
사람이 좋아 사람과 마음 나누며 어울리는 사람
인복人福을 받음이네.

나그네,
한 세상 살다 보니 비구름도 좋고
벌 나비 부른 꽃도 좋고
일하려 하니 이런 일 저런 일 할 수만 있다면
다 좋다 하네.

이렇게 저렇게 살다 맺은 인연
그 향기 잊지 안 했으면 좋고
열복을 찾고 냉복을 쫓고 청복을 누려도
인복이 더 좋은가 하네.

마음의 실업자

세월을 모르니 세월을 붙잡을 수 없고
현실을 모르니 현실을 논할 수 없구나
당신을 모르니 당신을 붙잡을 수 없고
모든 것 모르니 모든 것 그림자 같구나.
나그네,
할 일을 모르니 할 일을 찾을 수 없고
할 일을 찾으려 하나 일할 곳이 없다 하네
새들은 이른 아침부터 할 일 찾아 가는데
사람은 밤늦게까지 창문만 두드리고 다니네.

참뜻

절기가 바뀌면 강산의 풀잎도 제모습 보이고
민심이 바뀌면 세상의 소리도 제 뜻을 높이네
시끄러움 귀찮아 하면 어찌 고요함을 알 수 있으며
긴긴밤 잠 못 이루면 무슨 꿈을 꿀 수 있으랴.
나그네,
만상이 제모습 보이건만 제대로 보는 이 없고
세상이 제소리 높이건만 참뜻을 밝힐 줄 모르네
고요함이 참 침묵이거늘 그 속마음 외침을 모르고
민심이 원래 진실이거늘 창 밖의 그림자만 보고 있네.

점집을 찾는 발길

신년이 되면, 무슨 일이 있으면
방방곡곡의 뒷골목에 발길이 바쁘다
어쩌자고 가던 길 멈추고 여길 찾았을까
인생이 뭐길래, 그 길이 막혔음일까.

조금 더 기다리고 참기보다
지금 흐름의 물꼬가 막혀 답답했음일까
가야 할 저 길이 보이는데
등불을 미처 준비 못 했음인가.

인연因緣

햇살 머금은 맑은 바람은
녹수청산이 좋아 지나는 듯 머물고
달빛 내리는 고요한 호수는
번뇌 망상이 좋아 잡는 듯 씻어주네.
나그네,
밝은 빛 품은 해와 달은
우주운행이 좋아 시작도 끝도 없이 생동하고
세월 따라 만난 인연은
인생무상이 좋아 지팡이 따라 언덕을 동행하네.

서로의 등을 맡길 수 있다면

빛 따라 소리 따라 계절의 문을 두드리니
강산에 새잎 나고 꽃향기 날리는구나
강가에 안개 걷히고 산 위에 흰 구름 일어난 데
산 아래 인심은 분분하여 홍수가 났구려.
나그네여,
세상의 일 하도 많아 무엇을 할까 하니
이런 일 저런 일로 손발이 얽매여 있구나
한 일에 서로의 등을 맡길 수 있다면
세상의 인심이 어찌 홍수에 휩쓸러 가리.

잘 부시게나

바람 소리 그치지 아니하니 세월의 흐름을 아쉬워하랴
분별의 소리 어수선하니 세상의 민심을 원망하랴
참과 거짓이 무엇이기에 이리도 야단법석인데
아직도 생화生花인지 조화造花인지를 모른단 말인가.
나그네,
푸른 잔디를 밟고 서서 생명의 빛을 탓하랴
구름 한 점 붙들고서 푸른 하늘을 원망하랴
참과 거짓이 손을 들고 세상을 들썩거리는데
잘 보시게나, 진정 진실이 밝은 줄을 모르는가.

민심民心을 알려거든

한강의 어부들아, 물고기는 잡기라도 하는 거냐
빈 배만 띄워 놓고 월하취흥月下醉興에 잠들기라도 했느냐
진정 고기를 잡으려거든 알찬 낚싯줄을 던져야 하거늘
센 바람불어 높은 물결 몰아친다 탓만 하는구나.
나그네,
여의도의 위정자들아, 민심은 알기라도 하는 거냐
큰소리 외치면서 권력 놀이에 시간 간 줄 모르느냐
진실로 민심을 알려거든 내 뱃속을 열어야 하거늘
센 불 짚어놓고 가마솥이 끓어오른다 탓만 하는구나.

세상인심

가을 하늘 높고 높아 흰 구름 더욱 희고
저녁놀 곱고 고아 님 모습 더욱 밝네
이처럼 고요함 속에서 나를 찾으나
산골짜기에 흐르는 물처럼 잡을 수 없네.
나그네,
이 몸도 맑은 물 따라 유유히 흘러내려
세상천지 유람하는 풍진객이 되네
가는 곳마다 무슨 일 하여 볼까 하나
세상은 나를 위해 한자리 그냥 비워두지 않네.

장부丈夫의 뜻

세상을 살아오며 쌓아온 명성을 가리니
자웅을 겨룬 지략 또한 깊은 산으로 들어가네
속세에서 얻은 명성과 티끌이라 탓하지 말게
남은 생에 그 빛 감추고 그 티끌 털고 가면 어떠한가.
나그네여,
세상 민심에 밀려난 헛소리 만공滿空하니
모든 것 다 그렇고 그러하네
이제 닭 우는 소리에 가슴을 두들겼으니
장부의 큰 뜻을 그르치지 말게나.

세상살이

소나기 오는 소리에 낮잠에서 깨어나 정신을 차리니
마당에 널어놓은 알곡도 빨래도 다 젖었네
때맞추어 할 일 잘 한다고 은근히 자만하더니
유유자적한 구름만 탓하여 무얼 할거나.
나그네,
여름비 시도 때도 없이 쏟아내더니
민심의 막힌 한숨도 정가에 흘려보내려나
때만 되면 새 일꾼이다. 목청을 올리더니만
민초의 살림살이 알아주는 이 진정 있기나 한가.

청산靑山같은 인연

인생은 알 수 없는 세월의 빛깔에 물들어가고
속세의 욕망은 파도처럼 그칠 새 없이 밀려오네
잊을 줄 알았던 그리움은 풀잎의 이슬로 맺혀
빛살 아래 영롱한 수정체水晶體로 가슴을 적시네.
나그네,
한 세월의 인생은 순간순간 인연의 손을 내밀고
헛된 알음알이를 걷어내며 참 지혜의 빛을 찾아가네
바람의 유혹에 빠진 구름 같은 인생이지만
긴 세월의 숲속에 맺은 인연 청산靑山되게 하려네.

침묵의 소리

앗 차!
찻잔이 쨍그랑 뒹굴고 있다.
우주의 생멸을 넘기 위한 아우성이었을까
아!
침묵한 세상의 소리가 깨어나
한 찰나에 진리의 빛 밝히고 있구나.

보라!
천둥 번개 소리만 요란하다더냐
고요한 한 말씀이 더 가슴 깊이 울리는구나.

세상은

소나무는 푸르고 단풍잎은 울긋불긋하니
단풍잎 지고 나면 소나무는 더욱 푸르리라
어쩌랴, 강산에 늘 푸르른 한 그루 소나무를
세상 그 누가 그 청절清節함을 꺾을 수 있으랴.
나그네,
가을밤 녹아내리는 달빛으로 온몸을 씻나니
단풍잎은 이별의 향기를 품고 달은 그리움을 품는구나
강가엔 억새꽃과 바람이 부둥켜안고 노래한대
세상은 그 무엇을 보듬고 한바탕 웃어볼거나.

일과 품삯

할 일은 널려 있고 일꾼은 없는데
논밭에 외로운 농부 기우는 달을 품네
이 세상 옳으나 그름을 따지는 이 많고
잘못이어도 옳다고 다그치는 이 많네.
나그네,
뚜렷이 할 일 세상을 두루 덮는데
일터에 수고한 일꾼 품삯을 걱정하네
일과 품삯은 셈법이 분명할 터인데
일터를 밝히는 등불 찬바람에 가물거리네.

이 세상 어느 곳은

지혜의 빛 지금 여기 밝게 비추나
세상일에 시달려 시력을 잃고 보지 못하고
지혜의 소리 여기저기 맑게 흐르나
자기 말소리에 쏠려 듣지를 못하고 있네.
나그네,
사랑의 손길 지금 수없이 내밀고 있으나
세상 탓하느라 나눔의 가슴을 닫고 느끼지 못하고
자비의 무량함이 온 누리에 녹아나고 있어도
무공덕無功德만 난무하니 베풂의 덕을 잊고 있네.

나답게 살라 하네

인생길 걸어가기 힘하고 힘들다 하니
그냥 비워라 버려라 꾸지람을 하네
허황한 욕망 구차하게 쫓아가며 잡으려 하니
세월의 무상함에 맞장구치며 살라 하네.
나그네,
세상살이가 마음 같고 말 같으랴만
이런저런 생각 접어두고 살라 하네
변명 같고 남의 일 같은 일이라지만
내가 나인 몸 나답게 웃으며 살라 하네.

정월 대보름날에

하얀 동화를 품에 안고
허허 인사를 나누는 아침
온 누리 밝히는 만복의 달빛을 그려보네
동자의 찬 손에 매달린 줄을
끊고 오른 연등에
'지금 있음'의 생生을 위한 맑은 염원을 띄우네.

한 부름 깨트린 소리에
졸고 있는 영혼을 깨우고
달집 태우는 불길에
번뇌 망상에 찬 허욕을 태우네
태우고 태워 소박한 소망의 재를 빈 가슴에 뿌리고
드러내지 못한 그리움이
묻어있는 고향 달을 그려보네.

나그네,
귀밝이술 한 잔에
찬연한 달빛 내 안을 밝히니
허욕의 덩어리 녹아내려
청정함이 연꽃 같음이네
만법의 흐름 따라 욕망의 굴레를 벗어놓고
무병장수의 염원을 실은 나룻배를 유유히 띄워보네.

그리움은 별빛 따라

밤하늘이 고요함 속에 깊어가니
그리움은 별빛 따라 익어가네.

호수의 달그림자 이지러지지 않으니
사랑의 숨결로 흐르고 있네.

저 밤하늘에 묻어둔 내 마음
하염없이 외눈박이로 깜박이고 있네.

알면서도

일백 년 살기 힘든 인생인 줄 알면서도
이런저런 무슨 할 일 그리 많은가
버들가지는 꺾여도 또 새 가지 돋아나지만
인생은 한번 가면 돌아올 길 없다 하네.
나그네,
하늘의 도리 사람의 도리인 줄 알면서도
이런저런 핑계 삼아 몰랐다 하는구나
달은 이지러져도 또다시 만월滿月이 되지만
사람은 사랑을 잃으면 머물 곳이 없다 하네.

님과 마주 앉아

님과 마주 앉아 한 시름 내려놓고 찻잔을 기울이니
어느새 달이 서산 나뭇가지에 기웃거리고 있네
긴 세월 속을 동행한 그리움을 또다시 돌아보니
어느덧 귀밑머리 반백이 되어 찬 서리 같아라.
나그네,
달 밝아 님을 마주하고 청춘의 고운 빛 눈가에 그려보니
깊어간 청록 한 아름 가슴에 담고 찻잔에 우려내고 있네
어제와 오늘 그리고 내일을 이어 줄 인연을 생각하니
하염없이 흘러간 한 조각 구름 속에 잠긴 별빛 같아라.

단비

못다 한 사랑에 가슴으로 흐르는 눈물
깊고 넓은 초록 바다를 못 이루랴
찢긴 화폭에 입맞춤하는 저녁노을
멀고 먼 수평선에 먹구름은 어떠랴.
나그네,
얼어붙은 산골에 새소리 따라 찾아온 봄바람
깊고 높은 태산인들 못 녹이랴
천둥 번개 앞세우고 은혜로이 내린 단비
메마른 황토 벌판에 내몰린 가슴인들 어떠랴.

사랑의 침묵

달빛 하도 밝아 정자에 앉아 시 한 수 읊으니
아내는 뜨락에서 차 끓여 한 잔 나누자 하네
살아오며 늘 서로의 마음 헤아려 왔건만
오늘따라 반백의 귀밑머리에 정이 넘치네.
나그네,
맑은 눈빛 하도 고와 마주 앉아 찻잔을 비우니
진솔한 사랑의 향기로 영혼의 때 씻겨주네
늘 부르고 답하며 살아온 세월이었건만
지금 여기 비우는 찻잔에 사랑의 침묵만 채우네.

님 만날 수 있다면

바람 끝이 쌀쌀한 밤 홀로 영산강 변을 거니는데
길게 늘어선 징검다리 위에 달빛이 내리고 있네
산책 나온 발길이 하나둘 멀어져 가니
먼저 떠나간 님 생각이 가슴에 가득 차네.
나그네,
저 징검다리 건너서 님 만날 수만 있다면
발바닥이 붉히도록 밤새워 오간다 하네
구태여 부르지 않아도 찾아오는 시절 인연이니
별빛은 찬 가슴에 새 생명의 빛으로 비추고 있네.

애증愛憎의 정정情

달 밝는 밤 홀로 정자에 앉아
나도 모르게 가슴을 치고 있네
아픔도 슬픔도 없는 고뇌의 얼굴로
뭐 그리 못 잊어 바람 소리 듣고 있네.
나그네,
달빛이 멀어져 간 깊은 밤
살구나무 아래 드리운 그림자만 보고 있네
보고 싶음도 기다림도 가슴에 묻어두고
그래도 오직 사랑했었노라 노래하고 있네.

6부

지혜의 빛과 그림자

마음의 등불

밤낮으로 무엇을 찾으려 벽을 뚫어 보는가
본래 있음과 없음을 따지니 눈을 감고 있네
흐르는 바람에 감은 눈 다시 부릅떠보나
본래 없는 것이니 아무것도 볼 수 없다 하네.
나그네,
감도 옴도 없다지만 역사의 흔적은 남았으니
먼지 쌓인 서책도 두루 살펴 뭔가를 찾고 있네
인생의 길은 헤아릴 수 없어 언제 찾을까 하니
본래 무문無門을 밝히는 것은 마음의 등불이라고 하네.

안분지족安分知足

하늘의 구름과 바람 산속의 숲과 새들
바다의 물고기들 모두가 제 나름대로
분수에 맞게 살 곳에 살아가는데
어찌하여 사람은 이 일을 못 하는가.
나그네,
나날이 공덕을 쌓아 베풀고
바른 서원을 세워 사노라면
하룻 일 수고롭고 고단하다 한들
안분지족하여 더없이 행복하리라 하네.

무념無念의 빛

서재에 있는 책 한 권을 무심코 펼쳐
이제껏 못 느낀 시향詩香을 어렴풋이 맛보자
깊은 밤하늘의 별을 헤아리려 하듯이
촛불 앞에 앉아 그림자 속에 나를 찾다가
그래도 정녕 나를 볼 수 없다기에 그대로 앉아
시향에 젖은 감은 눈으로 무념의 빛 따라가네.
나그네,
세월을 헤아리듯 인연 속의 사연을 헤아리듯
타오르는 촛불 속에 본래의 참나眞我를 보려
한 권의 책도 한 가슴의 시향도 불빛 아래 내려놓고
속세에 휩싸인 나를 모두 버린 고아孤兒가 되어
허공 속에 가득 찬 빛줄기에 안개 사라지듯
무념無念의 빛으로 번뇌로 뭉친 가슴 녹여내려 하네.

저녁노을 바라보며

오색 빛 어울린 저녁노을
어느새 갈매기 날개 속에 잠이 들고
달무리 아래 나뭇가지에는
무더운 바람만 오락가락 하구나

침묵 속에 저물어 간 저녁노을은
나그네의 가슴에 수평선만 그려놓고
바람 따라 날아가는 갈매기는
고도의 꿈 머금고 지평선을 열고 있네.

나그네,
새 아침 밝아 온 바닷가 고깃배는
생명줄에 빛바랜 어망을 챙겨 싣고
만선으로 귀항할 소망의 가슴
비린내에 젖은 포구에 출렁 이구나

헤아릴 수 없는 선지자의 침묵은
잘살자는 사람다움의 길에 누워있고
닫힌 듯 열린 인생길은
비 갠 강산에 안개 밀치고 가슴 활짝 열어보네.

원래는

하늘엔 원래 주인이 한 분이시나
땅엔 다투어 주인이라 외치니
진리의 빛은 한 말씀뿐이나
거짓의 말이 난무함과 같음이라.

세상엔 원래 주인이 없어
큰 칼 가는 소리 밤낮을 깨우니
마치 눈보라 휘날리는 골짜기에
호랑이 떼가 나타남이네.

나그네 보나니

하늘엔 원래 청정하여
한 빛이 있어 밤과 낮이 일어나니
바다가 깊고 맑아
해와 달을 머금었다 토했다 함과 같음이라.

세상은 원래 참 이었으나
유혹의 숨결이 있어 악의 불길이 타오르니
마치 좋은 씨 뿌린 땅에
몰래 뿌린 가라지가 자라남과 같네.

푸른 언덕 찾는 마음

청산은 높음을 자랑하지 않고
녹수는 낮음을 부끄러워 하지 않네
달은 높다지만 항상 내 마음 안에 있고
님은 가까이 있어도 찾아가 만날 길 없네.
나그네,
꽃 향이 산천경개에 피는 듯 녹아나고
산새가 법문을 설說하 듯 야단법석이구나.
별들이 밤하늘에 숨바꼭질하듯 놀아나니
들소는 광야에서 푸른 언덕 찾아 거닐고 있네.

참빛眞光

아침 햇살 밝아 오니 촛불 밝히는 일 끝났는데
아무리 눈이 어둡다 한들 더 밝히려 하겠는가
그래도 세상천지에 촛불 켜는 모습을 보이는 것은
밝음 앞에 아직 어둠이 물러가지 안했다 함이네.
나그네,
무엇이 밝음이고 무엇이 어둠이더냐
밝음과 어둠 모두 빛의 그림자이거늘
구름 걷히고 바람 잔잔한 맑은 날
의구依舊히 방안을 밝히는 촛불의 참빛을 보네.

찬 머리 찬 가슴

찬 머리로는 예리한 칼날을 다듬고
찬 가슴으로는 얽힌 인연을 만드나니
날카로움은 일마다 시시비비를 일으키고
얽힘은 끝없는 분쟁을 일으키네.
나그네,
예리한 칼날은 방패로 무디게 만들고
얽힌 인연은 실타래로 쉬이 풀어가니
무디어진 칼날은 곳간에 걸어놓고
풀어진 인연은 안방에서 길쌈을 하네.

미혹의 길

찬 햇살 머금고 다순 햇살 떠오르고
회색 바람 사이로 연둣빛 바람이 지나가네
거짓이 발목을 잡아도 진실은 걸어가고
유혹의 손길을 끊어 악의 구덩이를 덮고 가네.
나그네,
지금 있음을 보고 내 안을 들어 다 보고
어떤 나타남을 통해 현상을 바로 보라 하네
탐욕이 생활을 덮어도 평상심은 흔들림 없고
잠든 영혼 깨워 미혹迷惑의 길 벗어나라 하네.

본래의 마음

홀연히 바람 부는 것을 느끼는 것
한 말씀을 듣고 뭔가 깨달은 것 같은 것

아는 것 같았는데 모르는 것 같고
모르는 것 같았는데 알 것 같은 것

이렇듯 내 안의 생각을 자꾸 헤아리는 것
이것이 본래 자기 마음을 다스리는 것이니

나그네,
구름을 바라보며 물 흐르는 소리를 듣는 것
곳간의 씨앗에서 논밭의 열매를 보는 것

아궁이에서 불씨를 찾고
어둠의 방에서 촛불을 켜는 것

꽃을 바라보며 시절 인연을 벗어나는 것이
본래의 자기 마음을 찾음이라.

무주의 맹시盲視

눈에 보이지 않는다고
본질까지 없으랴
눈에 보인다고 다 보는 것 아니고
마음으로 보는 것이
눈으로 보는 것보다 더 밝을 터
내 앞엣것만 보느라고
정작 본질은 놓치고 있네.

할 말 다 한다고
말 잘하는 것이 아니요
말 잘 한다고 다 잘 아는 것 아니고
말하지 않는다고
마음 까지 없는 것 아니니
그 가운데 뜻이 있으니
깨달음의 씨앗이네.

고요함 가운데
더 요동치는 울림도 있으니
듣는다고 다 알아듣는 것 아니고
알고 지낸다고
서로 마음 까지 아는 것 아니니
자기를 드러내려 하지 말고
속마음을 밝히라 하네.

옛날같이

날 밝고 물 맑아 가는 곳마다 인산인해라
술잔을 들고 꽃을 바라보다 님의 향기에 취하네
날 저물 때까지 취흥에 젖어 꽃바람을 희롱하니
흔들거린 몸을 탓하지 않고 새 등불을 밝히네.
나그네,
꽃피고 지는 줄 그 누가 모르랴만
가슴속 울리는 웃음소리 하늘인들 탓하랴
손잡고 걷는 발길은 꽃향기에 붙잡히고
허공 잡는 눈길은 옛날같이 미소 짓고 있네.

허공인 듯 만공인 듯

하늘에 가득한 구름 넘쳐남이 없나니
허공虛空인 듯 만공滿空인 듯 시종始終이 없구나
선지식善知識의 하얀빛 그림자가 없나니
밝음과 어둠을 분별하여 무엇하리.
나그네,
온 누리에 오색의 빛 사라짐이 없나니
보살도 중생도 마음마다 만공滿空이려나
꽃 한 송이 피어날 가지 끝이 없으니
자비도 사랑도 가슴마다 허공이려나.

연지蓮池에서

하얀 햇살 진한 초록 비단 물결에 비추고
맑은 바람 안고 청둥오리 짝지어 물속을 가르네
연꽃봉오리에 피어난 선심禪心 그 향기 그윽하니
이 가운데 일렁이는 고요한 마음 걸림이 없네.
나그네,
달빛 내리니 푸른 숲의 그림자 사방에 잠들고
연꽃은 열린 듯 머금은 듯 연지蓮池에 머무네
오가는 웃음소리 가슴마다 쉼 없이 맴도니
헛된 마음 비워놓고 안과 밖을 바라보려觀 하네.

마음의 산통算筒

배꽃도 살구꽃도 지나간 지 오래
열매는 무르익어 세상을 보란 듯 희롱하네
어찌하여 마음 안에 천상은 없는가
어두운 세상에 마음 달을 띄워보라 하네.
나그네,
이것저것 모두 붙잡을 수 없으나
이렇게 저렇게 나눌 수는 있다 하네
붙잡고 나눔은 마음의 산통算筒 이러니
거두어 곳간에 채워두면 무엇하리오.

이제라도

풀잎에 바람 스치듯이
인연 따라 잠시 스쳐 가는 인생인데
그것이 뭣이기에 어쩌자고
온갖 탈을 쓰고 춤을 추는가

사물놀이 끝나면
어차피 벗을 탈에 뭐 그리 미련이 많아
놀이마당에 울타리를 겹겹이 쳐놓고
그 안에 빠졌는가.

나그네,
천지인 사이에 본래 있을 것 있고
만날 것 만났는데
그것이 뭐 별다른 것이라도 되는 듯
야단법석하는가

인연 놀이 다 하고 나면
이것저것도 어차피 공허한 것인데
이제라도 놀이마당에 쳐놓은
울타리 허물고 탈도 벗으라 하네.

고독한 마음

비 오는 소리를 모르니
시냇물 불어난 줄 모르고
세상 소리를 모르니
길거리 시끄러움을 알리 없네.
나그네,
진정 님을 르니
님의 말씀을 담을 줄 모르고
깊은 밤을 몰라
빈 산의 달빛만 담았네.

미행尾行

겨울빛을 잡으려 마음 먼저 서성이네
어설픈 미행尾行을 언제까지 하랴
공空이다 색色이다 하니 어느 것을 쫓을까
알아차림 하려 하니 한 경계에 매달려 있네.
나그네,
밝은 달빛 담으려 찻잔 먼저 내미네
속마음을 언제까지 감추고 있으랴
있다 없다 하니 어느 것을 하는 가
본래 아무것 없는데 웬 그림자를 쫓고 있네.

선각자先覺者

해와 달을 밤과 낮에 걸어놓지 않고
밝음과 어둠을 선악의 거울로 삼지 않네
자비와 사랑을 은혜의 보답으로 베풀지 않고
후회와 참회를 용서의 대가로 보답하지 않네.
나그네,
꽃과 향기를 한 가지에서 찾지 않고
꽃피고 짐을 생멸의 순환으로 풀려 하지 않네
만남과 헤어짐을 세상의 운명으로 묶으려 않고
맺고 푸는 것을 맺는 자의 대가로 갚으려 않네.

빛과 그림자

달빛 내리는 동산을 거닐다 보니
그림자 아닌 그림자가 덮고 있네
아차! 하는 사이에 내 발길 머뭇머뭇하니
빛과 그림자는 내 마음 안에 출렁이고 있네.
나그네,
빛 아닌 빛이여, 그림자 아닌 그림자여
아차! 하는 사이에 눈을 뜨고 감아보니
빛이여, 수행자가 어둠의 길을 감이요
그림자여, 지혜로운 자가 물속을 쓸고 있음이네.

원래原來 없으니

계절이 바퀴니
무심한 발길 정처 없이 거닐고
달빛 아래 그윽한 다향
정자에 시향을 피우고 있네.

원래 바뀜이 없으니
변함없는 계절 아는지 모르는지
누가 물으면 응답할 수 없으니
입술만 깨물고 네.

나그네,
맑은 하늘 아래
무량한 눈길 막힘 없이 밝히고
푸른 산 위에 자리한 흰 구름
사사에 법향을 녹이고 있네.

원래 잃은 것 없으니
무소유의 손길 찾는지 감추는지
눈감은 채 우뚝 서서 할 말 못 하고
귓불만 만지고 있네.

참모습

푸른 숲 정자에 벗들과 둘러앉아
찻잔에 따끈함을 채우고 비우고 있네
무엇이 물이고 무엇이 차茶인가
물과 차 서로 융합하니 한 향기뿐이네.
나그네,
무엇이 빛이고 무엇이 그림자인가
빛과 그림자 모두 허공에서 왔다 하네
오광이 녹아난 낙엽 지는 강산
달그림자 안고 참모습 들추고 있네.

지혜로운 자

어리석은 자 지혜의 말씀 깨치지 못함이여
어둠 속에 얽힌 매듭 풀어본들 무엇하리
잘난 체하는 자 발밑을 보지 못함이여
진흙 속에 빠져든 영욕을 챙겨 무엇하리.
나그네,
고달픈 자 위로의 말 듣지 못함이여
세상 속에 굴러가는 말 들어 무엇하리
지혜로운 자 인연 따라 지은 죄 알아차림이여
용광로에 피어난 오광의 빛 품음이네.

지혜의 빛으로

한평생 지은 죄업 벗어 태산을 쌓고
애통함과 참회의 눈물은 흘려 대양 이루네
헐뜯음과 칭찬함에 쉬 흔들리지 않고
선행과 불선행도 자비로 품어 안네.
나그네,
살며 맺은 인연 벗어 구름 꽃을 만들고
마음과 실행의 경계는 부수고 한 몸 이루네
두려움과 평화로움에 한사코 메이지 않고
생生과 사死도 지혜의 빛으로 구속을 끊네.

청맹靑盲과니

하늘빛 맑고 밝아 강산의 절경을 감탄하면서도
세상의 어둠을 밝히는 지혜의 빛은 보지 못하고
맹호는 눈 부릅뜨고 생존의 먹잇감을 찾아내는데
세상은 탐욕의 눈에 가려 자비의 빛을 보지 못하나.
나그네,
찻잔에 녹아내린 밝은 달빛을 노래하면서도
마음의 암흑을 밝히는 촛불 하나 밝히지 못하고
이웃의 들보 밝히는 큰 눈의 허상을 굴리면서도
내 안의 허물 밝히는 작은 눈의 비늘 벗지 못하나.

무주의無主義 맹시盲視 · 2

눈보라도 빗줄기도 다 내 것이 아닌 현상
한 흔적으로 왔다 사라지는 무주공산無主空山이네
뜬구름이 밤하늘을 가리니 달 뜬 줄을 모르고
세상의 유산만 바라보며 그 안의 의미는 모르네.
나그네,
어둠도 밝음도 다 내 안에 흐르는 빛줄기
선악의 눈으로 종횡무진縱橫無盡하는 선택의 빛이네
내 앞에 나부끼는 나뭇가지는 바라보면서도
내 마음에 흐르는 허공을 헤아리지 못하네.

인생길

물안개 물고 산새가 능선 따라 날고
구름 안고 풍진객은 숲속에 등진 짐을 푸네
높고 먼 길 머뭇머뭇하다 서산에 해 넘길라
가려거든 이유를 대지 말고 빛 따라가라 하네.
나그네,
노을빛 물고 물새가 수평선 따라 날고
바람을 등지고 풍진객은 바닷가에 발 먼지를 터네
지팡이 짚고 인생길道찾아 떠난 몸 해찰하지 마라
뭇 짐승의 몸부림 소리에 헛발 디딜까 염려스럽네.

옳고 그름

밤하늘 밝아 오니 달빛 인가 햇살인가
찬 잣을 따르니 모든 빛 고요하네
하늘과 땅에도 밝음과 어둠은 없으니
한 덩이 빛이여, 꺼지지 않은 마음 안에 등불이네.
나그네,
밤과 낮도 달빛도 햇살도 다 현상이니
밝으면 밝은 대로 어두운 마음 내려놓네.
창밖에도 방안에도 걸림 없는 빛이니
한 줄기 빛살, 옳고 그름을 깨우는 지혜의 빛이네.

빛 따라 소리 따라

세상의 말 모아 지혜의 성을 쌓으려 하니
화려하고 거창하나 틈마다 물이 흘러내리네
높고 높은 그 성벽 태산 같아도 한 줌의 흙덩어리니
천둥·번개 치며 내린 비에 한줄기 흙탕물이네.
나그네,
세상의 거짓 모아 진실의 탑을 쌓으려 하니
크고 작은 돌덩이층마다 틈새가 엇갈리네
섬세하고 우아한 그 탑 부귀영화 같아도 한 줌의 그림자이니
빛 따라 소리 따라 벗겨진 껍질 한 톨의 헛소리이네.

분별分別

둘인듯하나 하나이고 하나인듯하나 둘인지라
살아오며 하는 일 뚫림과 막힘을 탓하지 않네
앞에 가는 사람아 닦은 길에 흔적일랑 남겼는가
뒤따라 가는 사람 그 길 따라가면 어떨까.
나그네,
하늘의 일 땅의 일이요 땅의 일 하늘의 일이니
사람의 하는 일 있음과 없음을 두둔하지 않네
할 수도 없고 안 할 수도 없는 일들이여
흔적 없는 일들 옳고 그름만을 분별하려 하는가.

마음줄

하늘과 땅 발아래 있고
해와 달 손끝에 있네
하늘과 땅 머리 위에 있고
해와 달 가슴 속에 있네.
나그네여,
나뭇가지에 마음줄 거꾸로 매달아 놓고
어쩌자고 마음에 비추인 달을 속이려 하는가
새벽 물 길으러 깨진 항아리를 들고 가는가
제아무리 바쁜들 마음줄 잃지 말게나.

순리 따르는 자

밝은 달이 비추어도
그 그림자 있음을 모르니 달에 묻고
산 그림자 있어
그 산 있음을 알아도 묻지 않으니 대답을 않네.

입으로만 시시비비를 가리려는 자
명예욕에 사로잡힌 눈먼 자이고
머리 셈법을 앞세우는 자
사리 분별없는 어리석은 자이네.

나그네,
깊은 물은 흐르면서도
그 자태 흐르는 듯 머무는 듯 드러내지 〔
산 숲 수많이 있어도
그 숲끼리 서로서로 상생하며 다투지 않네.

구름은 사라지면서
그 그림자까지 없어져도 하늘을 탓하지 않고
지혜로운 자는
유혹과 비방에도 만인을 위해
조화 이루며 순리를 따르네.

지혜의 빛

누가 진실이다 거짓이다 하는가
무엇인지도 모르게 가슴 안에 꿈틀거린 것
내 맘에 들면 진실이요 아니면 거짓인 것
안개 오르고 구름 걷히면 맑은 하늘 보인다네.
나그네,
누가 태양을 밝다고만 하는가
왜인지도 모르게 하늘 안에 흐르는 것
낮에 보면 밝고 밤에 보면 어두운 것
촛불 아래 녹아내리는 지혜의 빛 더욱 밝아라.

논論하고 취取하려 하나

달빛을 잡으려 하니 구름이 가리고
국향을 취하려 하나 찻잔이 없구나
도를 논하려 하니 덕이 멀리 있고
법향을 취하려 하나 법문이 웃고 있구나.
나그네,
달빛 아래 국향을 누가와 함께하고
도와 법문을 누가와 논하고 취하랴
달빛은 밝음과 어두움을 함께 품으니
어리석음과 지혜로움이 그 안에 있음이네.

구求한다는 것

산촌의 노옹이 초가삼간 지으려 산에 오르니
숲속엔 크고 작은 나무 함께 자라고 있네
농촌의 농부가 밭갈이 하려 소를 사려 하니
우시장엔 이런저런 소들 서로 비비고 있네.
나그네,
큰 나무 자르자 하니 너무 커 부담스럽고
작은 나무 자르자 하니 너무 작아 아깝네
아무 소나 고르자 하니 농사일이 걱정스럽고
이것저것 구하려 하니 원래 구할 것이 없다 하네.

지혜의 빛은

여름빛은 서산에 지니 산새는 노을 물고 날아가고
가을빛 따라온 꽃향기는 달빛 아래 그윽하네
오가는 발길에 호숫가의 청둥오리는 짝지어 날고
바람은 수줍은 듯 앉아있는 수련을 흔들고 있네.
나그네,
시절은 빛과 소리 따라 하염없이 흘러가고
한 틈에 새어든 법향은 마음 한자리에 가득하네
진리라는 말을 그 누가 시시비비로 밝히려 하나
지혜의 빛은 어둠을 넘어 고요함을 보듬고 있네.

먼지를 털어내니

달을 품은 여인은 바다에서 목욕을 하고
바람과 구름을 휘어 감고 춤을 추고 있네
해를 품은 목동은 광야에서 먼지를 털고
낙타와 독수리를 내쫓고 목우木牛를 타고 오네.
나그네,
달과 해는 여인과 목동을 불러 놓고
하늘과 땅에 맑은 물을 우라 하네
낙타의 발목에 묻은 먼지를 털어내니
꽃가지의 목우木牛가 되어 서슴없이 걸어가네.

현자賢者

현자賢者는 남의 일 탐하지 않고
세상을 보며 시시비비를 말하지 않네
순리란 알고 모를 것도 없음이여
어차피 풀어야 할 일 풀어감이네.
나그네,
밭갈이 황소는 땅을 보며 말하지 않고
하늘을 보며 출몰出沒을 말하지 않네
원래 맡겨진 일이라 게으름이 없음이여
어쩌자 저 황소 달을 본다 탓하랴.

사군자四君子

화선지에 향 머금고 피어나는 매란국죽梅蘭菊竹은
말 많은 세상에 군자의 도道를 품었거늘
군자라 자처한 자 이목구비耳目口鼻도 없는가
잃어버린 향기 찾아 혼魂불을 밝혀라 하네.
나그네,
문방사우文房四友에 달빛 머금은 한편의 시문詩文은
길거리 문화에 공감의 서정을 피었거늘
화백畵伯이라 칭송받는 자 심혼心魂이 없는가
잃어버린 삶 열정의 예향藝香을 피워라 하네.

본모습 들추면

달 아래 건 듯 소슬바람 불어 가슴을 열어젖히니
누구는 여름이라 하고 누구는 가을이라 하고 있네
여름은 바람 속을 잡고 가을은 바람 끝을 잡으니
원래는 바람뿐 잡는 마음 들추면 그 경계를 알리라.
나그네,
사람마다 진실과 거짓을 모두 참이라고 하는데
무엇이 진실이고 무엇이 거짓이라 하겠는가
진실은 가슴 속에 앉아있고 거짓은 입술 위에 날뛰니
대명천지에 본 모습 들추면 알아본 이 있으리라.

들녘에서

논밭을 잘못 가꿔 쭉정이 된 열매여
공판장에 내놓을 경지에 닿지 못하네
게으른 농부는 땀 흘림을 두려워하니
가꾸지 않고 열매만 가로채는 밤도둑 꼴이네.
나그네,
마음밭 잘못 가꿔 혼돈에 빠진 영혼이여
세상을 아우르는 지혜의 빛 받지 못하네
어리석은 사람은 뭣이든 안다고 큰소리치니
마음 닦지 않고 깨달았다고 한 거짓 선지자 꼴이네.

사심불구蛇心佛口

우러러본 하늘에 찬 먼지가 일렁이고
바라본 먼 산등성이에 찬바람이 출렁이네
청정한 샘물에 미꾸라지 한 마리 꿈틀대고
한 덩이 맑은 수정 이 세상을 유혹하네.
나그네,
함박눈 내리는 밤에 한 고요가 요동치고
모닥불 태우는 가슴에 붉은 연기가 쌓이네
따끈한 찻잔에 찬 달빛이 일그러지고
뱀의 혀끝에 부처의 입을 달고 놀아나고 있네.

먼지만 쌓여 있네

사계절의 색깔은 바람결에 나풀거리고
일월성신은 인간의 운명을 기웃거리네
도서관의 장서들은 사람들의 눈길에 반짝이고
인간의 지식은 인간의 역사를 쓰고 있네.
나그네,
그 누가 변화무쌍한 색깔의 의미를 물으나
그 색깔의 의미에는 안개만 자욱하고
무진장 진열된 책의 내용을 물으나
그 책의 내용에는 무진장 먼지만 쌓여 있네.

현자賢者의 눈

밝은 대낮에 어물거리는 어리석은 자여
눈앞에 보인 모든 것을 다 안다고 하는가
눈에 보인 것이 곧 다 아는 실체라고 하면
눈 감고 보면 아무것도 모르는 것이란 말인가.
나그네,
어둠 속에서 빛을 보는 자 현자라 함이여
안과 밖을 두루 살피니 안다 모른다 하지 않네
꿈에서 보는 것이야 깨고 나면 그만인데
밤비에 춤추는 나무들은 시절 인연이네.

지혜의 빛 앞에

깊은 밤을 깨우는 여명黎明의 빛 새날을 여니
어둠을 삼킨 범종 소리에 내 그림자를 밟고 서 있네
이제 구름 걷히고 나면 하늘빛 더욱 높고 푸르르니
홀연히 비추인 산 그림자에 산새들도 날아오네.
나그네,
밤을 밝히는 등불도 아침이 되면 거두어 두나니
세상에 널린 알음알이 한 깨침 앞에 티끌 같네
본래 빛은 밝고 어둠을 넘어 한결같음이니
지혜의 빛 앞에 번뇌 망상은 아침 안개 같아라.

흘러감의 미학

꽃피고 짐이 없다면 열매 맺음이 없음이요
만남과 이별이 없다면 사랑이 없음이라
인생의 여정이 없다면 번뇌가 없음이요
젊음과 늙음이 없다면 구원의 길을 모르리라.
나그네,
밤과 낮이 없다면 명암의 빛이 없음이요
하늘과 인간이 없다면 천당과 지옥이 없음이라
바다에 물이 없다면 뱃길이 없음이요
사람이 늙지 않으면 죽음의 소중함을 모르리라.

빛과 그림자

빛과 그림자는 항상 함께 있나니
빛은 진리요 그림자는 진실이다
진리는 만인 앞에 평등한 외침이요
진실은 진리를 따라 움직인 현실이다.
나그네,
빛과 그림자는 항상 함께 드러나 있나니
빛은 본질에 자유로우나 그림자는 현상에 매여 있음이라
빛은 처음부터 끝까지 영원한 생명이요
그림자는 처음부터 끝까지 순종한 성자라.

다시 보면

아낙이 텃밭을 잘못 가꾸어 내뱉는 소리나
수행자가 마음밭 잘못 가꿔 앗차 하는 것이나
대충대충 일 처리를 하려는 비틀거리는 마음이나
다시 보면 마음길이 미약하고 지혜가 없음이네.
나그네,
살다 보면 실수는 누구나 하는 것
몰라서 저지른 실수는 큰 잘못 아니지만
같은 실수를 반복한 것 총명한 듯하나
홀연히 미혹함에 빠져 마음길이 막혀 있음이네.

있는 대로

샛강에 배 띄우고 님 소식 전하고
달 안에 마음 띄우고 님 모습 그려보네
바닷가에 갈매기 날고 흰 구름 띄워 놓고
수평선에 님을 그리니 이 마음 고요하네.
나그네,
창가에 반달 매달아 놓고 님 모습 그리려 하니
달 안에 숨은 님 기다려라 웃고 있네
마음 안에 님이 있으니 웃는 얼굴 묻고서
있는 마음으로 있는 마음을 있는 대로 그리네.

설익은 참구자參究者

달은 걸림 없이 밤하늘을 달리는데
참구자는 찬바람 안고 새벽길을 거니네
이런저런 일 접어두고 몸으로 앉아 보지만
일거리에 밀려 몸뚱이가 들썩거리고 있네.
나그네,
별빛은 두루두루 세상을 비추고 있는데
소슬한 바람 불어와 강산을 멈칫거리네
선문 찾아 허기진 자 설익은 몸 일으켜보지만
밥그릇을 못 챙기어 휴짓조각 되고 있네.

생각하는 것은

세월이라는 것은
자연대로 흐르는 우주 순행의 숨결
살아간다는 것은
생각하는 대로 흐르는 삶의 물줄기

지금 내가 이루는 것은
내 생각이 움직이는 일의 흔적
지금 내가 있는 곳은
내 생각이 머무는 창조의 광장이런가.

나그네,
어제를 생각하는 것은
회상 의지가 품는 회개의 끈
오늘을 생각하는 것은
일의 의지가 품는 행복의 품삯

내일을 생각하는 것은
자유의지가 품는 희망의 향기
모두를 생각하는 것은
상생 의지가 품는 불이不二의 조화이런가.

본래의 마음 · 2

낮에 본 형상들 밤에 바라보니
그 형상 한 조각도 분간할 수 없구나
그대로 있을 터인데

낮에 만난 사람들 집에 돌아와 앉았으니
아무도 함께할 수 없구나
다들 어디에 있을 텐데

형상은 눈으로 보았기에 어둠에 덮여 멀어져 가고
사람들은 인연으로 만났으나
한 줌의 마음도 잡을 수가 없네.

나그네,
내 안의 등불 밝히고 바라보니
구름 속을 흐르는 달빛처럼
낮이나 밤이나 별빛 머금고 꿈길을 걷는
본래의 마음 일렁이네.

감사의 마음

살며 나누는 인간다운 거룩한 미덕이여
갈고 닦고 가꾸어도 끝이 없음이네
행복한 삶의 깊고 높음을 보여주는 기쁨이여
있고 없음을 넘어 대자연의 숨결을 느낌이네.

지혜로움과 현명함의 위대한 열매여
지금의 일로 몸과 마음을 위로하고 치유함이네
삶 가운데 순수한 마음을 보여주는 아름다움이여
거짓과 진실을 본래대로 받아들이는 평화의 마음이네.

매일 매일의 처한 일에 불목함 없는 겸손함이여
밝은 햇살을 가슴 열고 받을 수 있는 평온함이네
부유함과 부족함을 가름하지 않은 기쁨이여
내 마음의 천국과 지옥문을 두드리는 출발점이네.

고단한 삶의 언덕길을 오르는 희망이여
인간다운 행복을 바라는 축복의 원천이네
여유로움과 넉넉함이 넘치는 미소여
세상 셈법을 풍요롭게 하는 인정의 나눔이네.

영혼을 아름답고 향기롭게 하는 천국의 언어여
가장 낮은 마음으로 진솔함을 나누는 빈 마음이네
날마다 어디서나 맞이하고픈 사랑의 눈빛이여
내 인생 헛됨 없는 축복의 열쇠를 얻음이네.

사람 사는 길은

천지창조의 사업이 무엇이고
만유의 순행이 무엇이냐고
문제화하여 풀어보려 생각하지 마시게

왜냐하면
그것은 사람마다 사는 길이 서로 다르고
세상을 보는 관점이 다르니
그 누가 한 셈법으로 풀어가리.

나그네,
변화무쌍한 억겁의 순행을 아는가,
"나"라는 마음의 움직임을 아는가? 라고
그 누구에게 쉽게 물어보지 마시게

왜냐하면
"있음"과 "없음"을 생각하는 것이 서로 다르고
"가고" "옴"을 바라봄이 다르니
그 누가 세상의 말과 생각으로 풀어가리.

살다 보면
생로병사의 굴레에서 벗어나지 못하고
결국 사랑과 미움, 선과 악, 참과 거짓이 공존하니
누구나 다 죽음문 들어가는 길은 같다네.

인생이 뭐길래

맑은 바람 안고 출렁이는 바닷가에 홀로 서서
비워라. 버려라. 큰소리치니 파도는 더욱 높구나
머리통의 허황함과 배때기의 비곗덩어리를 내밀고서
뭐 그리 아쉬워 골 불 사납게 세월을 잡으려 하는가.
나그네,
푸른 산 우거진 숲을 얽힘도 설킴도 잊고 오르니
그 향기에 취하여 그 맛과 멋이 맞장구를 치구나
세상살이도 바람이 그러하듯 한번 미쳐 보라 하니
인생이 뭐길래 어설프게나마 발밑에 눈길을 두네.

인생사시 人生四時

어릴 적 품은 꿈은 창공에 가득하고
젊어서 겪은 고생은 세상에 넘치는구나
장년에 얻은 지혜는 세상을 논하려 하고
노년에 내려놓은 짐은 인생을 즐겁게 하네.
나그네,
내 안에 펼쳐진 세상사에 마음 두지 않나니
뜬구름을 하늘이 붙잡지 않음과 같구나
고요한 밤 밝은 달빛은 어둠을 녹아내리고
겨울 산을 지키는 소나무 찬바람을 탓하지 않네.

영성을 찾아가는 사람들

세상을 두루 돌아보니 자신마저 생각지 않고
버리는 사람이 있는가 했더니
자신만을 위해 남을 해害하는 사람惡人이 있고
자신만을 지키려는 사람個人이 있고
모든 사람을 두루두루
이롭게 하는 사람善人도 네.

나그네,
하는 일마다 본래의 마음 따라
실행하는 사람信人이고
하는 일마다 성실하여
아름다운 열매 맺는 사람美人이 있고
산통算筒에 빠지지 않고
이웃의 이익에 돌리는 사람大人이 있고
만인을 다스림에 부끄럽지 않은 사람聖人이 있고

그런가 하면
아무것도 없는 무엇을 깨달으려 하지 않고
양심을 지키려는 자존自尊으로
탐욕에 빠지지 않도록
스스로를 다스리는 힘을 길러
평상심平常心을 되찾아 천지인天地人을
지혜의 빛으로
하나 되게 아우르는 사람神人이 있네.

심인心印

심인心印이 뭣이기에 볼 수가 없고
주고받을 수가 없구나
보이는 것은 빛 따라 색색이나
내 마음 안에서는 그 색을 찾을 수 없으니
내 안의 것 그래도 헛것은 아닐 터.
나그네,
공허라 말하지 않으리
무심이라고도 말하지 않으리
빛이 들어오는 관문觀門 내 안에 있을 터이니
닫힌 마음, 굳은 마음 틈을 내어 한 빛이라도 받으리.

세정世情

산이 날 부르지 않으니
나는 강으로 발길을 돌리네.
어쩌자 서로를 알려 하지 않으니
이 한 세상의 인연을 생각지 않으려 함인가.
나그네,
시절 인연이 바야흐로 변함없건만
언제까지 알고도 모른다 하리오.
참으로 참을 수 없어 한바탕 웃으니
뭐 그리 세정世情을 엿본다 하는가.

달빛을 잡으려다

눈을 감고 본 세상 눈을 뜨고 보는 세상
다름인가 했더니 같음이다 말하네
눈뜨고 감음은 현상의 장난일 뿐
마음 밭은 있는 대로 있다 하네.
나그네,
밤하늘의 달빛을 잡으려다
매화꽃이 먼저 달빛을 머금고 있으니
아서라, 모든 것 다 내려놓고
그 향기에 실컷 취하여 볼거나.

진여眞如

바람이 불어 새잎이 일고
구름이 흘러 비가 내리고
햇살이 내리어 한 그림자 일어나고
꽃이 피더니 또 떨어지니
나그네,
이것과 저것이
함께 있음이요 없음이니
참으로 유·무의 분별이
묘용이요 공허로구나.

분별심

어제 밤에는 오늘을 생각하고
오늘 밤에는 내일을 생각하지만
어제와 내일의 사이에서
오늘이라는 정체를 알려 하는가.
나그네,
하늘과 땅에서 얻은 알음알이로는
밤새워 마음을 다스려보지만
천당과 지옥 앞에
꽃과 낙화를 분별할 수 없네.

먼지를 털며

나뭇잎 가지마다 바람결 흔들대고
옷깃에 묻은 먼지 털어도 흩날리니
마음에 흐르는 망상 보듬어도 출렁인다.

새벽길 물안개는 쌓인 먼지 머금고서
산사에 몸 맡기고 걸림 없이 노닐다가
노승이 털지 안해도 대장경에 앉아있다.

달빛에 쌓인 먼지 별빛 안고 누웠는데
털다 만 손끝 먼지 손 모아 합장하니
못다 한 인연의 끈이 한 가닥 풀어진다.

마음 한번 돌리면

빛이 좋아
밤이면 말씀을 품고
아침이면 하늘을 안고
님인 양
미소의 향기 뿌리고 있다.
나그네,
잠 깨어 일어나니
만법의 향기 피어나고
마음 한 번 돌리니
가는 곳 마다 영생의 길 열려있다.

발 가는 길에

겨울빛이 어디로 갔는가 했더니
봄빛이 어디서 왔는가 했더니
가고 옴도 흔적 없으니
인생의 가는 길도 그러하겠네.
나그네,
세월이 날 부르는가 했더니
세월은 아무 말 한다 하지만
세월과 서로 품고 웃다 보면
발 가는 길에 걸림이 없다 하네.

바람의 얼굴

나무뿌리 보이지 않아도 새움은 파릇하고
가지마다 흔들거려도 꽃잎은 색색이네
새움과 꽃잎은 봄바람의 얼굴인가
산과 들에 시샘하듯이 단장하네.
나그네,
귀밑머리 반백인데 바람은 그칠 줄 모르고
달빛이 가슴에 있어도 그림자 없네
마음 가는 곳마다 봄 바람의 향기인가
소리와 빛이 어울리니 생명의 밝음光明이네.

문門

쥔장 쥔장, 문좀 열소
어서 잠 깨어 등불 밝히소
'문을 두드려라 그러면 열릴 것이다'

나그네, 하늘의 길을 여는 문을 보네

할 일 없다고 문 잠그고 낮잠을 자려는가
'양들도 주인 따라 문을 찾는다네'
하늘빛이 마음 문으로 밀려와 나를 깨우네.

자존自存

눈은 내려도 바람은 내리지 않고
눈은 쌓여도 바람은 쌓이지 않네
구름은 사라질 것을 생각하고
햇살은 내려올 것을 생각하네.
나그네,
소나무는 늘 푸르름은 자랑하지 않고
매화꽃은 붉음의 뜻을 말하지 않네
그 누가 그를 탓하고 안다고 하겠는가
오직 그들만이 스스로 알뿐이네.

오색의 빛

흰빛을 태워 찬 눈을 만들고
붉은빛을 모아 수평선에 태양을 띄웠는가
사람의 가슴은 따스함을 가득 품고
바람 찬 세상은 현묘한 빛을 비추는데
산천의 소리 내 안에 흐르니
인연의 옷깃은 걸림 없이 따르려 하네
한평생 입고 온 헌 옷을 갈아입고
신발에 묻은 흙먼지를 털어내며
두 눈을 감고 오색의 빛을 찾아 걸어가네.

정관시선靜觀詩選을 펼치며
- 詩中問答 -

고요한 자유인의 시학

시인 · 문학평론가 김 종 천

　인간이 인간으로 인간답게 살아가기 위해 자아 성찰의 시간을 갖는다는 것은 아름다운 일이다. 아름다운 일이라는 것은 사랑의 삶이기에 진실함과 순수함으로 슬기롭고 지혜로운 삶을 살아가는 것이다. 사랑의 씨를 부드러운 가슴에 뿌리고 열린 가슴으로 가꿔 꽃을 피우고 알찬 열매를 맺어 가벼운 가슴으로 나누는 것이리라.
　낮은 마음으로 함께 살아가는 열린 세상, 마음의 평화를 누리는 세상, 살맛 나는 세상을 살아가는 것이다. 여기에는 인연 따라 걸림 없고, 내려놓는 본연의 삶, 고요함을 즐기는 삶이다.
　인간이 가장 존귀하고 보배로운 것은 자비와 사랑이 듬뿍 담긴 따뜻한 가슴이 있기 때문이다. 그래서 인간은 미학적 욕망을 표출하는 존재다. 여기에 인간의 본질을 창의적 심안으로 표출해 내는 것이 문학이다. 무한한 우주의 본질과 현상을 자아성찰의 힘으로 탐색해가는 통찰력과 직관력은 문학 창작의 원천이다.
　따라서 일상에서 만나는 시절 인연, 유무의 세계를 마음의 눈, 깨어난 영혼의 빛으로 바라봐야 한다. 이것이 세상의 빛과 소리를 지혜의 빛으로 바라본 정관靜觀이요 관조觀照다. 고요함 가운데 흐르는 지혜의 빛으로 바라본 우주와 인간은 공空이요 무상無常이요 무아無我이니 불이不二요 자유자재自由自在함이다.

오늘의 작품은?

변화무쌍한 세상 속에서 가장 값있고 가치 있는 삶의 흔적을 살펴 모아 진솔하게 펼쳐 보이는 것이 문학의 의미를 찾는 것이다. 이처럼 문학적 관점에서 삶의 의미를 되살려내는 것이 작가 정신이다. 작가는 항상 무거운 마음을 내려놓고 고요함 가운데 비움의 경지에서 바라본 심상을 펼쳐 보여야 한다. 따라서 무관심 속으로 묻히어가는 방심, 대중과 멀어져 가는 시심을 일깨워 자기만의 세계에서 시대 정신이 살아 숨 쉬는 공감과 공유의 세계, 더 나아가 유로와 치유의 숨결이 흘러야 한다. 길고 깊은 심혼의 호흡을 통해 아름다운 마음의 눈으로 바라본 미학적 시학詩學이어야 한다.

이러한 의미에서 영혼의 울림을 모아 2010년부터 10여 년에 걸쳐 열린 마음을 통해 삶의 고뇌와 슬픔 그리고 기쁨을 모아 인생론적인 2,200여 편을 모아 권당 365편씩 편집하여 정관시선靜觀詩選(1권 빛 따라 소리 따라, 2권 하나인 줄 알면, 3권 허공이 만공이라, 4권 두 손을 놓아라, 5권 마음의 짐 내려놓고, 6권 한빛 밝히려고)을 펼쳤다.

전체적으로 우주화, 세계화, 자연동화, 인간화, 그리고 인연의 묘용을 지혜의 빛으로 밝히는 언어예술로 승화시켜 가려는 성찰의 시학이 되도록 노력하였다. 작품마다 시대정신을 보편적 정서로 시공을 초월하려는 심상으로 관조적이면서도 서정성을 담은 인생관과 이상향을 보여 주었다.

작품 내용은?

책 제목에서 말해 주듯이 몸부림치는 심적 고뇌와 평정심을 찾고자 하는 비움의 찰나를 고요한 마음으로 펼쳐 보였다.

여기에는 1. 진리를 향한 지혜의 빛 2. 고요함 속에 흐르는 깨달음의 여정, 3. 자연의 빛과 향기와 숨결 4. 세상의 소리, 사람의 소리 5. 님을 향한 사랑과 그리움의 서정, 6. 산사의 법향法香 7. 나의 삶, 나의 길 등을 순수한 영적 체험을 통해서 다양성과 특수성을 발휘하여 사유의 미학, 공감의 시학으로 형상화하였다.

작품마다 시대적 연결고리를 엮어간 융합적 언어와 간결한 언어를 통해 길고 깊은 심적 호흡으로 다채로운 영감을 주는 상상력의 확장을 보여 주도록 노력하였다. 인생이 무엇이며 어떻게 살아야 할 것인가, 영적, 정신적 여유와 즐거움을 주는 인생 공부는 한이 없음을 사유했다.

오늘의 시학은?

오늘의 나의 시학은 육체적, 정신적 체험의 가치를 심혼으로 형상화한 글의 조각품이요 속삭임이다. 이러한 시학은 깊은 철학적 사유와 내면적 성찰의 힘을 이끌어 내어 시적 언어의 조화와 융합을 통하여 삶의 의미를 투영한 것이다. 이러한 나의 시학은 존재 가치를 깨달음의 감각으로 독자와의 공감대를 형성하는 공명共鳴관계를 이루도록 하였다. 의식의 흐름 따라 본질과 현상을 통찰의 힘으로 아우르며 일상의 자기표현을 넘어 고요함 속에서 한 "깨달음의 울림"으로 심화한 것이다. 부정과 긍정 의식을 아름다운 어울림의 이상적인 만남, 시어의 선택과 절제로 다듬어진 마음의 표현이다.

작품의 주제와 성향性向은?

우주적 인간의 존재 가치와 의미를 종교적 관점에서 접근해 가는 시 의식과 예술혼이라는 자아성찰의 힘으로 바라보았다. 시간과 공간에서 본질과 현상을 종교적, 철학적 사상으로 바라보고 새롭게 시대적 명제로 오늘의 삶과 더 가깝고 친밀감 있게 미래지향적으로 펼쳐 보였다.

작품의 흐름은 삶에 대한 성찰의 힘이 전반적으로 확장되어 보편적 공감대를 형성하고 있다. 이런 차원에서 오늘의 문학적 활로는 인생에 대한 탐색의 길을 암시하였다. 인간의 보편적인 서정적 감성으로 인생의 무상함 속에서 삶의 아름다움과 소중함을 걸림 없는 마음으로 찾아가는 도전 의식과 승화 의지를 보여 주었다.

작품의 성향은 철학적, 관념적 사유思惟와 실존적, 체험적 지혜와 정보로 인생의 의미를 유불선의 사상을 기반으로 한 윤리적, 도덕적, 교육적, 실용적인 가치관과 기독교 사상을 모태로 하는 자비와 사랑의 실천, 신앙적 가치관을 형상화하여 내용의 다양성, 특수성, 보편성, 대중성을 살려 조화롭게 표방하고 있다. 여기에 관념적 본질을 실존적 현상으로 이끌어 서정적 감성이 생동감 있고 현실감 있게 조명하는 시상을 보여 주었다.

작품 전반에 흐르는 긴장감과 공감을 주는 낯익은 시학, 그러면서도 걸림 없고 자유자재한 시학, 벗어남의 시학, 고인돌과 삼거리와 신호등 같은 시학을 표방하고 싶었다.

시의 형식과 시상詩想은?

전반적인 시의 흐름은 시조 형식과 한시, 선시의 형식을 융합한 직설적直說的인 화법과 회유적回諭的인 비유법 형식, 독백의 형식, 자문자답의 형식을 활용하고 있다. 작품의 짧음에서 긴 여운을 풍기는 실험적인 함축미를 창출하려고 시도하였다.

여기에 바탕을 둔 시상詩想은 무한 세계를 향해 직관과 통찰의 형상화를 통해 인생론적, 존재론적 문제를 인생 순례자의 입장에서 바라보았다. 시 안에서 삶의 맛과 멋을 즐기며 고통과 슬픔을 사랑의 힘으로 거듭난 삶을 시화詩化해 내었다.

따라서 나의 시는 존재론적 인생관, 철학관을 표출한 내 인생의 증인이요, 증거자요, 동반자로 내 인생의 유산이다. 이렇듯 내 인생의 실존적 삶을 시로 펼쳐 보며 그 시와 함께 살아오고 있다.

삶이란 변화의 현상이 반복된 듯 이어지고 그러면서도 새로운 듯 반복되나니 나의 시 또한 변화 속에 반복과 변화, 과거와 현재 그리고 미래를 향한 새로움을 찾아가고 있다. 실존적 현실 앞에서 생의 의미를 관조觀照하는 여정이라고 생각한다.

삶을 통한 철학적 자아 탐구요 탐색의 바탕 위에 예술적 무아의 세계를 정립하고자 하였다. 삶의 진리를 지혜의 힘으로 찾아가는 구도자적 순례자요, 사랑의 힘으로 찾아가는 인생의 나그네로 생명과 평화를 갈망하는 진솔한 감성으로 시상詩想을 펼쳐나갔다.

언어의 자유로운 표방과 사유와 의식의 변화를 조화롭게 융합하는 상상력과 형상화의 벽을 허물고 광야로 나아가는 도전적 시정詩情을 보여 주고 있다.

나는 늘 고향을 찾아 순례하고 있다. 내 육체적 고향뿐 아니라 영혼의 고향을 찾아가는 길을 탐색하고 있다. 그 고향은 우주요 인생이다. 우주와 인생을 품은 실체는 어머니이니 어머니는 내 고향의 모체다. 그 길을 찾는 힘은 지혜의 빛, 생명의 빛, 자비의 빛이 하나의 등불이 되어 한 줄의 시를 잉태하고 실존 앞에 출산하는 거다. 우리의 어머니처럼.

靜觀 詩選 Ⅰ

김 종 천 제14 시선집
빛 따라 소리 따라

찍은날 2024년 6월 14일
펴낸날 2024년 6월 18일

지은이 김 종 천
발행인 황 하 택

펴낸 곳 도서출판 현대문예
등록번호 제05-01-0260호
등록일자 2001년 12월 31일

주소 광주광역시 동구 천변우로 361-6
전화 (062) 226-3355 팩스 (062) 222-7221
E-mail ht3355@hanmail.net
cafe.daum.net/ht3355
정가 15,000원
ISBN 978-89-94028-52-1(03800)

* 본사와 저자의 허락 없이 이 책의 일부 또는 전체의 무단 전재 및 복제,
  인터넷 매체 유포를 금합니다.
* 잘못된 책은 구입처에서 바꾸어 드립니다.